Серебряный герб

Корней Чуковский

Серебряный герб

ISBN: 978-1-64439-844-9

СОДЕРЖАНИЕ

ГЛАВА ПЕРВАЯ

ТЕЛЕФОН

Зуев высыпал из ранца полдюжины мелких иконок — медных, жестяных, деревянных, бумажных, — разложил их перед собою на парте и стал деловито целовать их подряд, боясь пропустить хоть одну: как бы она не обиделась и не сделала ему какой-нибудь гадости.

Зуев молился недаром: через три или четыре минуты в нашем классе начнется диктовка, страшная диктовка, которую мы ждали одиннадцать дней. Одиннадцать дней назад к нам, стуча высокими каблучками, вошел наш директор Бургмейстер (Шестиглазый, как звали мы его) и, словно читая стихи, сообщил нам своим певучим, торжественным голосом, что господин попечитель учебного округа его сиятельство граф Николай Фердинандович фон Люстих на днях осчастливит наш класс посещением и, быть может, пожелает присутствовать на русском уроке во время диктовки.

Теперь этот день наступил.

Мне особенно жалко Тимошу Макарова, моего лучшего друга, сидящего сзади, наискосок от меня. У него недавно был тиф, и он сильно отстал от класса. Его лопоухое, рыжее от веснушек лицо выражает смертельный испуг.

— Тимоша… Погоди… я придумал!

В одну секунду я вытаскиваю у себя из-за пазухи веревочный хвост от бумажного змея, привязываю к своему башмаку, а другой конец сую Тимоше:

— Привяжи к ноге… Да покрепче!

И, покуда он возится с узлами хвоста, говорю:

— Дерну раз — запятая. Два — восклицательный. Три — вопросительный. Четыре — двоеточие. Понял?

Тимоша весело кивает головой и пыжится сказать мне какое-то слово. Но он заика, и изо рта у него вылетают только две-три буквы и брызги слюны.

Рядом с ним сидит Муня Блохин, маленький, кудрявый и быстрый. Он тотчас ныряет под парту: расширить телефонную сеть.

Не может же он допустить, чтобы таким замечательным изобретением пользовался всего один человек! Нет, за спиной у Тимоши сидит второгодник Бугай. Нужно провести телефон и к нему.

Блохин достает из кармана бечевку и протягивает ее от Тимоши к Бугаю. Тот быстро прикрепляет ее к своей правой ноге.

Рядом с Бугаем — Козельский, последний ученик в нашем классе, Зюзя Козельский, плакса, попрошайка и трус.

Нужно провести телефон и к нему, не то он заскулит и захнычет и выдаст нас всех с головой.

За Зюзей Козельским, на «Камчатке», у самой стены сидят знаменитые на всю гимназию губошлепы и лодыри, пучеглазые братья Бабенчиковы. У них кулаки как гири, нужно протянуть телефонные нити и к ним.

— Не забудьте же, — повторяет Блохин. — Раз — запятая, два — восклицательный, три — вопросительный, четыре — двоеточие. Поняли?

А Зуев хоть и крестится, хоть и бормочет молитвы, но краем глаза все время поглядывает на меня и на Муню. И вдруг сгребает, как лопатой, всех своих святителей в ранец, срывает у себя с шеи шнурок и, опустившись на колени под партой, хозяйственно привязывает его к моему башмаку.

В нашем классе я считался чемпионом диктовки. Не знаю отчего, но чуть не с семилетнего возраста я писал без единой ошибки самые дремучие фразы. В запятых не ошибался никогда.

По другим предметам я бывал зачастую слаб, но по русскому языку у меня была сплошная пятерка, хотя и случалось, что тут же, по соседству с пятеркой, мне ставили в тетрадку единицу — за кляксы. Писать без клякс я тогда не умел, и все мои пальцы после каждой диктовки обычно были измазаны чернилами так, словно я нарочно совал их в чернильницу.

2

Но вот распахнулась дверь. В класс вошел не Бургмейстер, не сиятельный Люстих, которым нас пугали одиннадцать дней, а какой-то дубоватый незнакомец с неподвижным, топорным лицом. И немедленно начал диктовать нам диктовку.

Пришлось поработать моей правой ноге! Все время, пока длилась диктовка, я дергал, и дергал, и дергал ногою так, что у меня даже в глазах потемнело.

Диктовка была такая (я запомнил ее от слова до слова):

«В тот день (дерг!), когда доблестный Игорь (дерг!), ведущий войска из лесов и болот (дерг!), увидел (дерг!), что в поло (дерг!), где стояли враги (дерг!), поднялось зловещее облако пыли (дерг!), он сказал (дерг! дерг! дерг! дерг!): «Как сладко умереть за отчизну!» (дерг! дерг!)

Наши парты дрожали, как в судороге. Я без устали передавал свои сигналы Зуеву, и Тимоше, и Муне. Тимоша передавал их Бугаю, Муня — Козельскому и братьям Бабенчиковым.

По окончании диктовки дубоватый незнакомец с неподвижным, топорным лицом взял наши тетради и унес неизвестно куда. Это был, как потом оказалось, важный чиновник из канцелярии попечителя Люстиха.

И благодарила же меня вся спасенная мною шестерка! Зюзя Козельский обещал мне одного из своих голубей, братья Бабенчиковы — полную фуражку изюму, так как у их отца на Екатерининской улице была лучшая в городе лавка, где продавались финики, фиги, кокосовые орехи, халва.

Через неделю в класс деревянной походкой снова вошел незнакомец в сопровождении нашего наставника Флерова и заявил, что, по приказу господина попечителя учебного округа его сиятельства графа фон Люстиха, комиссия по проверке успехов учащихся рассмотрела тетради с написанной нами диктовкой и отметила одну странную вещь...

Незнакомец порылся в тетрадях.

— Вот хотя бы Зуев Григорий и Козельский Иосиф... Нельзя ли пригласить их к доске?

Зуев и Козельский с удовольствием подбежали к доске и скромно приосанились, ожидая похвал.

3

Незнакомец глянул на них и вдруг, к удивлению класса, улыбнулся совсем как живой человек. И, повернувшись к доске, написал на ней мелом такое:

«В тот день когда: доблестный Игорь ведущий? войска из лесов и болот увидел что в поле где? стояли, враги поднялось!? зловещее облако пыли?»

— Вот как написал свою диктовку ученик третьего класса Козельский Иосиф. За такую диктовку единица, конечно, слишком большая отметка. Мы ставим Козельскому нуль, равно как и Григорию Зуеву.

Все захохотали, кто-то свистнул. Незнакомец постучал деревянным своим пальцем по кафедре и проговорил уже без всякой улыбки:

— Но есть среди вас такие, что даже нуля недостойны. Это Максим и Александр Бабенчиковы… Бабенчиков Александр написал свою диктовку так:

«В тот день когда доблестный Игорь ведущий войска из лесов и болот увидел что в поле где стояли враги поднялось зловещее облако пыли он сказал как сладко умереть за отчизну».

Беда произошла оттого, что почерк был у меня очень медленный, детский, а у товарищей — быстрый. Да и проклятые кляксы сильно тормозили меня. Когда я с трудом выводил третье или четвертое слово, мои товарищи уже писали седьмое, девятое. Слепо понадеявшись на мой телефон, товарищи, сидевшие далеко позади, уже не шевелили мозгами и по сигналу готовы были ставить запятые внутри каждого слова, даже разрезая его пополам, чего сроду не делал самый отпетый дурак с тех пор, как на свете существует диктовка.

После этого дня я долго не мог ни кашлянуть, ни засмеяться, ни вздохнуть, ни чихнуть — так болели у меня ребра от той благодарности, которую выразили мне мои сверстники, главным образом братья Бабенчиковы. Напрасно я доказывал им, что ни одно великое изобретение не бывает на первых порах совершенным: они были глухи к моим слезам и протестам.

Вернулся я в гимназию лишь на четвертые сутки.

Молва о телефоне гудела и в коридоре и в классах.

Но Шестиглазый предпочел притвориться, будто ничего не слыхал: иначе ему пришлось бы воздать по заслугам и Гришке Зуеву, и братьям Бабенчиковым, которые по особым причинам пользовались его благосклонностью.

Вскоре начались у нас экзамены. Я совсем забыл о телефоне. Но через два года, в пятом классе, случилась со мной беда, о которой я сейчас расскажу. Тут-то мне и припомнили мой телефон, и я понес такое наказание, какого не забуду до конца моих дней.

Виновником этой беды был наш гимназический поп.

ГЛАВА ВТОРАЯ

«ДА-ДА-ДА!»

Звали попа Мелетий. Он очень старался быть добрым. Только это плохо удавалось ему, потому что он был очень обидчивый. Заведет тихим голосом сладковатую беседу о том, что все мы должны нежно любить и друзей и врагов, и вдруг позеленеет от злости:

— Как вы смеете смеяться надо мной! Бондарчук, почему ты хихикаешь?

— Батюшка, я не хихикаю!

— Нет, ты хи-хи-каешь! Все вы там сзади хи-хи-каете! Вот Лобода не хи-хи-кает! Зуев не хи-хи-кает! Косяков не хи-хи-кает! А вы хихикаете! Почему вы хи-хи-каете?

— Батюшка, мы не хихикаем!

На уроках он всегда был какой-то рассеянный. Соберет всю бороду в кулак, уставится в одну точку и повторяет мечтательно:

— Да-да-да-да-да!

Отвечаешь ему урок, а он смотрит сквозь тебя куда-то вдаль и говорит невпопад, поддакивая своим собственным мыслям:

— Да-да-да!

Однажды вздумалось мне сосчитать, сколько раз в течение урока он произносит это слово. Я стал записывать пальцем на парте, всякий раз макая палец в рот:

«30… 40… 48… 53… 60…»

Моим соседом был Гришка Зуев. В первые минуты он равнодушно глядел на мои вычисления, но в классе стояла такая скучища, что надо же было заняться хоть каким-нибудь делом. И вот, поплевав на палец, Зуев тоже начинает исписывать цифрами свою половину парты.

Понемногу мы оба приходим в азарт.

Всякий раз, когда замечтавшийся поп произносит свое «да-да-да», мы, торжествуя, стираем ладонями предыдущую цифру

6

и быстро пишем новую. Каждое свежее «да» радует нас, как выигрыш.

Но вскоре я с негодованием замечаю, что Зуев начинает мошенничать. Вместо 211 он ставит 290, а потом сейчас же 320. Его мошенничество возмущает меня. В гневе я вторгаюсь в его территорию, стираю фальшивую цифру и ставлю верную: 212.

Зуев чувствует себя жестоко обиженным. Он сопит, округляет глаза, и его щекастое лицо наливается кровью.

Вдруг, словно с неба, к нам доносится голос Мелетия:

— Зуев… и ты… как тебя? Ну-кася, повторите, о чем я сейчас говорил.

Странное дело: нельзя сказать, что мы слушали этот урок невнимательно. Напротив. Для того чтобы не пропустить ни одного «да-да-да», мы должны были жадно вслушиваться в каждое слово Мелетия. Но, кроме «да-да-да», мы, оказывается, ничего не слыхали.

Потому что рыбак ловит сетями не воду, а рыбу.

Мы стояли растерянные и бормотали несвязное. Зуеву повезло: его большая круглая, как арбуз, голова была от природы такая тяжелая, что в иные минуты не могла удержаться на шее и свисала то вправо, то влево. Это придавало ему вид удрученного грешника, переживающего муки раскаяния.

Попу Мелетию его покаянная поза понравилась: поп Мелетий любил плачущих, покорных, униженных. Он прищурил глазок и залюбовался тоскующим Зуевым, как художник картиной. И благосклонно произнес:

— Да-да-да!

— Четыреста двенадцать, — еле слышно сказал мне Зуев, сохраняя ту же лицемерную позу страдальца, плачущего о своих прегрешениях.

— Врешь! — возразил я запальчиво. — Не четыреста двенадцать, а двести четырнадцать!

Голос у меня был визгливый, и мое «врешь» прозвучало как выстрел.

Мелетий взлохматил бороду.

7

— Сейчас же ступай к доске, — сказал он, — и объяви всему классу о причинах твоего неблагопристойного вопля. — И прибавил внушительно: — Да!

Это новое «да» особенно рассмешило меня.

— Хи-хи-каешь! — рассердился Мелетий. — Радуешься, что мерзким своим поведением развращаешь благочестивого Григория Зуева!

Тут уж засмеялся весь класс. «Благочестивый» Зуев был отъявленный сквернослов и ругатель.

Желая показать отцу Мелетию, что я вовсе не так плох, как он думает, что у меня и в помыслах не было развращать «благочестивого» Гришку Зуева, я решил открыть ему всю правду.

— У вас, батюшка, — сказал я любезно и вкрадчиво, — есть привычка часто говорить «да-да-да». И вот мне захотелось подсчитать, сколько раз в течение урока…

Мелетий не дал мне договорить и, ухватив свою бороду, стал яростно вырывать из нее волоски.

Это всегда выражало у него высшую степень гнева: чем сильнее был он рассержен, тем беспощаднее терзал свою бороду. И успокаивался только тогда, когда вырывал из нее два или три волоска.

Теперь он вырвал не меньше десятка и, вырвав, сложил их рядком, один к одному, на черном переплете классного журнала, дунул на них что есть силы и заговорил очень медленно, глухим, еле слышным голосом (в минуты гнева голос его всегда опускался до шепота). Он говорил, что он служитель алтаря — да-да-да! — и не допустит — да-да-да! — чтобы всякий молокосос — да-да-да!..

Говорил он долго и тем же шепотом, который был для меня хуже всякого крика, потребовал, чтобы я немедленно вышел из класса.

Я вышел из класса и стал у дверей…

Мелетий продолжал говорить о моих злодеяниях, называя меня каким-то онагром. Что такое онагр, я в то время не знал и тихонько отодвинулся от двери.

Близилась большая перемена.

В конце коридора зазвякали стаканы и блюдца.

Наш гимназический сторож, которого звали Пушкин, расставлял на длинном столе, застланном грязноватою скатертью, бутылки с молоком, колбасу, пирожки, бутерброды.

В кармане у меня оказались четыре копейки. Я помчался к Пушкину и купил пирожок. Только что я взял его в рот — динь-дилень! — зазвонил колокольчик, и изо всех дверей стали выбегать гимназисты. Вот и поп Мелетий, придерживая рукою серебряный крест на груди, шествует крупными шагами в учительскую.

Я бегу к нему и говорю:

— Батюшка, простите, пожалуйста!

Но рот у меня набит пирожком, и у меня получается:

— Баюа, поие, поауа!

Он поворачивает ко мне лохматую голову, и вдруг его чахлые, тонкие губы искажаются ужасом.

— Ты… ты… ты!.. — говорит он, задыхаясь от гнева, и хватает меня за плечо.

Я гляжу на него с изумлением, и тут мне становится ясно, что теперь мне не будет пощады! Потому что пирожок у меня с мясом! Сегодня же, как нарочно, пятница, а Мелетий тысячу раз говорил нам, чтобы по средам и пятницам, особенно великим постом, мы, православные, и думать не смели о мясе, ибо господь бог будто бы обижается, если мы съедим в эти дни кусочек ветчины или, скажем, говядины. Я этому не слишком-то верил: неужели господу богу не скучно заглядывать каждому школьнику в рот! Но Мелетий уверял нас, что это именно так, и горе тому нечестивцу, который сегодня (в пятницу!) дерзнул предстать перед ним с мясным пирожком — нарочно, чтобы поиздеваться над ним, да-да-да!

Непрожеванный кусок этой преступной еды так и застрял у меня в горле.

Я понял, что мне прощения нет и не будет, но все же лепетал механически:

— Батюшка, простите, пожалуйста!

Мне самому его прощение было не нужно, но на Рыбной улице во флигеле, в доме Макри, жила моя мать, молчаливая, печальная женщина, и я знал, что моя ссора с попом будет для нее большим несчастьем.

Всякий раз, когда в гимназии со мной случалась беда, мама брала полотенце, смакивала его уксусом и обматывала вокруг головы. Это значило, что целые сутки она будет лежать без движения, полумертвая, с почернелыми веками и у нее будет болеть голова.

Я готов был сделать все на свете, лишь бы голова у нее перестала болеть.

И вот я бегу за попом и со слезами умоляю его:

— Батюшка, простите меня!

Но по его насупленным белесым бровям, по вздернутому крохотному носику, по искривленной нижней губе я вижу, что тут личная обида, за которую этот человек уже не может не мстить.

— Как христианин, — сказал он, — я прощаю тебя. Как твой духовный отец, я молюсь за тебя. Но как законоучитель я обязан тебя покарать… ради твоего же спасения.

Вокруг собралась толпа. В толпе я увидел Зуева. Он стоял за спиной у Мелетия и с самой простодушной улыбкой обсасывал куриную ножку. Его широкое, мясистое, бабье лицо лоснилось от куриного жира.

Вдруг Мелетий заулыбался, закланялся: к нам, стуча высокими каблучками маленьких щегольских башмачков, подошел Шестиглазый и тотчас же обратился ко мне на своем шутовском языке:

— Слышал, слышал о ваших художествах! Не будете ли вы великодушны пожаловать ко мне… сюда… в рыдальню?

ГЛАВА ТРЕТЬЯ

ЗЮЗЯ

Директор был немец: Бургмейстер. Как и многие обруселые немцы, он изъяснялся на преувеличенном русском языке и любил такие слова, как галдеж, невтерпеж, фу-ты ну-ты, намедни, давеча, вестимо, ай-люли.

Этим языком он владел превосходно, но почему-то это язык вызывал во мне тошноту.

Распекал он всегда очень долго, так как сам упивался своим краснобайством, и даже наедине с каким-нибудь малышем-первокласником произносил такие кудрявые речи, словно перед ним были тысячи слушателей.

Когда я приблизился к двери его кабинета, там уже стоял один «рыдалец». Это был распухший от слез, испуганный Зюзя Козельский.

Шестиглазый так энергично надвинул на него всем своим корпусом, словно хотел вдавить его в стену. Несчастный не только спиною, но головою и пятками прижался к стене, пылко желая, чтобы стена проглотила его. Но стена была каменная, и Шестиглазый мог сколько угодно услаждать свою душу пустословием.

— Смею ли я верить глазам? — декламировал он, отступая на шаг и помахивая в такт своей речи какой-то измятой тетрадью. — Не обманывает ли меня мое зрение? Не мираж ли передо мною? Но призрак ли? Неужели это ты, Козельский, тот самый Иосиф Козельский, который еще в прошлом году был гордостью наставников, утехой родителей, радостью братьев, опорой семьи?..

В этом стиле он мог говорить без конца, подражая величайшим ораторам древности. Не меньше получаса терзал он Козельского, и только к концу этого получаса я понял, в чем заключается преступление Зюзи.

Преступление было немалое.

Началось с того, что Зюзя получил на этой неделе целых две единицы — по каким предметам, не помню. Эти единицы были проставлены классным наставником Флеровым в его школьный дневник. И он должен был показать их отцу, чтобы тот подписался под ними. Но так как Зюзин отец, владелец ресторана у Воронцовского сада, грозился избить его за первую худую отметку, он, по совету своего товарища Тюнтина, переделал у себя в дневнике обе единицы на четверки. Дело было нетрудное. Отец Козельского не заметил обмана и подписался под фальшивыми четверками с большим удовольствием.

Но Зюзя был малоопытный жулик: когда ему пришлось превращать четверки «назад» в единицы (для предъявления классному наставнику), он так неумело стер лишние черточки перочинным ножом, что вместо них образовались две дырки.

Что было делать? Если классный наставник увидит ужасные дырки, лучше Зюзе не возвращаться домой. Нужно было скрыть следы преступления.

И вот вчера вечером, по совету того же Тюнтина, Зюзя решил похоронить свои единицы в глубокой могиле, из которой они не могли бы воскреснуть. Пробрался тайком в наш гимназический сад, выкопал под акацией ямку, не очень глубокую, так как почва была жесткая, кремнистая, и закопал там навеки свой многострадальный дневник.

Он был уверен (и в этом убедил его Тюнтин), что, чуть он заявит о продаже своего дневника, ему тотчас же выдадут новый, без единиц и двоек, без замечаний и клякс, и тогда он начнет новую, светлую, прекрасную жизнь.

Был лишь один свидетель этих тайных похорон дневника: пес Эсхил, ньюфаундлендской породы. Эсхил принадлежал Шестиглазому. Шестиглазый каждое воскресенье прогуливался с Эсхилом по приморской аллее с незажженной сигарой во рту. У Эсхила были добрые, человечьи глаза. Они глядели на Зюзю с братским сочувствием.

И этот-то ласковый пес, так приветливо вилявший своим добрым хвостом, предал Зюзю, как последний подлец.

Чуть только Зюзина работа была кончена и Зюзя удалился счастливый, собака разрыла своими добрыми лапами могильную насыпь, схватила зубами похороненный под нею дневник и, не понимая всей безнравственности своего поведения, побежала прямо к Шестиглазому, замахала добрым хвостом и положила добычу к ногам повелителя.

Теперь этот дневник находился в правой руке Шестиглазого, вымазанный землею, измятый и рваный. Шестиглазый изящно помахивал им перед носом Козельского, угрожая преступнику чуть ли не Сибирскою каторгою.

Я так глубоко задумался о собственных своих злоключениях, что даже не заметил, как Зюзя ушел. Я знал, что мне предстоит такая же мучительная пытка: целый час прижиматься к стене и слушать монологи Шестиглазого.

Но дело обернулось еще хуже.

Он сразу накинулся на меня со всеми своими громами и молниями.

Из его слов я узнал, что я величайший злодей, какой только существует под солнцем, что я издеваюсь над обрядами церкви, развращаю благочестивого Зуева, устраиваю десятки снастей для сигнализации во время диктовки (вот когда он вспомнил о моем телефоне) и нарочно даю неверные сигналы товарищам, чтобы они получали нули...

— Нарочно?!

— Нарочно! Нарочно! И ты думаешь, я не знаю, — вскричал Шестиглазый, надвигаясь на меня еще ближе, — что это ты подбил Иосифа Козельского переделать единицы в четверки и зарыть под деревом дневник?

— Я?!

Словно кто ударил меня кнутом по глазам.

Я закричал Шестиглазому прямо в лицо, что все это ложь, ложь, ложь, и, когда он попытался продолжать свою речь, я с визгом зажал себе уши руками, чтобы не слышать этой невыносимой неправды.

Шестиглазый схватил меня за руки и стал отдирать их от моих ушей, но я сопротивлялся отчаянно.

В конце концов ему удалось завладеть моим ухом, и он прокричал туда, уже без всяких фиоритур красноречия, что о моем буйстве он доложит совету, а покуда, до того как будет вынесен мне приговор, он исключает меня из гимназии на две недели, и пусть завтра, в субботу… или нет, в понедельник… придет к нему моя мать, которая… которая… Впрочем, он лично побеседует с нею… и пусть она пеняет на себя, что так плохо воспитала меня.

ГЛАВА ЧЕТВЕРТАЯ

НЕВЕСЕЛАЯ ДОРОГА

Замученный шел я в этот день из гимназии домой. Помню, подбежал ко мне Леня Алигераки, соседский мальчишка, и стал показывать большую стеклянную банку с усатой рыбиной песочного цвета, которую поймал он руками, и я еле сдержался, чтобы не хватить эту банку о камни.

Мрачный повернул я на Канатную улицу. Мимо проехал воз, доверху груженный камышом.

Еще не встречалось мне камышиного воза, из которого я не выдернул бы себе камышинки.

Всякая камышинка была для меня настоящим богатством. Из нее можно было сделать косматую пику и сражаться на заднем дворе с армией Васьки Печенкина. Из нее можно было смастерить дудку и дудеть под окнами у сумасшедшего Беньки, покуда Бенька не выскочит и не закричит: «Скандибобером!»

Из нее можно было сделать раму для бумажного змея и запустить его так высоко, чтобы тебе позавидовал сам Печенкин, хромоногий кузнец, знаменитейший змеепускатель нашей улицы.

Но сегодня я даже не сделал попытки подойти к этому возу поближе, хотя улица была пустынна и я свободно мог выдернуть не одну камышинку.

На углу Канатной и Рыбной под ноги мне попалась жестянка — круглая, легкая, звонкая.

В другое время я непременно ткнул бы ее носком сапога, она помчалась бы, громыхая, по камням мостовой, я побежал бы за ней и гнал бы ее до самых ворот, а потом припрятал бы где-нибудь в мусорной куче, чтобы гнать ее завтра назад по дороге в гимназию: это было одно из самых любимых моих развлечений. Но теперь я угрюмо отшвырнул ее в сторону и согнулся еще больше, чем всегда, потому что в детстве был очень сутулый и при всякой невзгоде сгибался, как вопросительный знак. Уличные мальчишки за это звали меня «гандрыбатым».

Если бы мама ругала или била меня, мне было бы легче. Но она не скажет ни слова, она только свалится в постель, и лицо у нее станет желтое, и веки у нее потемнеют, и голова у нее будет болеть, и жизнь для нее прекратится на несколько дней… И что сделается с нею в понедельник, когда она, изнуренная, встанет с постели и, еле передвигая ногами, пойдет к Шестиглазому, а тот, вымотав у нее все жилы своим красноречием, скажет ей высокоторжественным голосом, что ее сын негодяй и что одна ему дорога — в босяки?

Мама у меня очень бесстрашная. В жизни у нее есть только один страх: как бы не исключили меня из гимназии. Этого она боится больше смерти.

Ужасно не хочется возвращаться домой. Я останавливаюсь перед большим магазином «Гастрономическая торговля братьев В.И. и М.И. Сарафановых» и рассматриваю колбасы, маслины, икру, балыки, сыры.

Этот магазин кажется мне великолепным дворцом. Здесь и я бываю покупателем. Всякий раз, когда у мамы бывают деньги, я прибегаю сюда, зажав в кулаке полтинник, и чувствую себя важной персоной и говорю надменному приказчику:

— Четверть фунта ветчины и четверть фунта масла!

И надменный приказчик почтительно спрашивает:

— Что еще прикажете?

И я важно говорю:

— Ничего!

— Пожалуйте в кассу! — говорит надменный приказчик.

Хотелось бы мне когда-нибудь отведать икры. Говорят, она замечательно вкусная, но такая дорогая, что едят ее только генералы с министрами. Или такие богачи, как мадам Шершеневич. Интересно: ест ли икру Шестиглазый? Конечно, ест. И огромными ложками.

Обычно перед магазином меня охватывает бурный аппетит. Так, кажется, и проглотил бы всю витрину. Но сегодня даже икра не привлекает меня, хотя за весь день я только и съел что этот проклятый мясной пирожок.

Я иду дальше и все сильнее сгибаюсь, будто в ранце у меня кирпичи. Мимо проходит белобрысый и безбровый гимназист, которого мы все называем Спиноза. Это восьмиклассник Людвиг Мейер из нашей гимназии. Лоб у него нахмуренный, глаза без улыбки, одутловатое лицо неподвижно. У самого подбородка он держит раскрытую книгу и читает ее на ходу. Мальчишки, выбежавшие из кузницы Васьки Печенкина, кидают ему под ноги всякую дрянь, чтобы он споткнулся и выронил книгу.

Но и спотыкаясь, он продолжает читать. Он читает всегда и везде, в самых неподходящих местах: в булочной, в купальне, на кладбище, и потому кажется мне самым ученым и самым умным человеком на свете.

В другое время я непременно погнался бы за злыми мальчишками, но сегодня я тотчас же забываю о них и иду дальше, растравляя в себе свое горе.

Поверит ли мама, что я ни в чем, ни в чем не виноват?.. А если виноват, то чуть-чуть... И дернуло меня связаться с Мелетием!.. Но можно ли за это выгонять из гимназии?..

Вот и дом мадам Шершеневич, трехэтажный, с балкончиками и с облупленными лепными фигурами, а вот и мадам Шершеневич гуляет со своими болонками. И сама она похожа на болонку: вертлявая, с кудряшками, маленькая. В ушах у нее серьги, круглые и большие, как бублики.

— Здравствуйте! — кричит она мне. — Что вы так согнулись? Вам же не семьдесят лет!

До меня ей нет ни малейшего дела, а кричит она так игриво и звонко лишь потому, что на той стороне, у ворот длинного одноэтажного здания казармы, толпятся юнкера и поручики, ради которых она и совершает здесь свои рейсы с болонками. Юнкера и поручики кричат ей через дорогу любезности, восхищаются ее красотой, приглашают ее танцевать, а она заливчато и лукаво смеется, глядя не на них, а на болонок.

ГЛАВА ПЯТАЯ

ЦИНДИЛИНДЕР

Да, мама у меня очень бесстрашная. Кроме Шестиглазого, она, кажется, никого не боится. Как расправилась она с этим грабителем, который забрался ночью в квартиру мадам Шершеневич! Ведь мама была одна и он мог бы избить ее до смерти.

Это случилось три года назад. Мадам Шершеневич тогда не было дома. Она с мужем уехала в Киев, и ее квартира стояла пустая. Охранять эту пустую квартиру она попросила маму. Мама поселилась там на летние месяцы вместе со мной и Марусей (Маруся — моя старшая сестра).

Болонки жили с нами. Им требовались особые кушанья, и ради этого нужно было очень часто ходить на базар. Нужно было ухаживать за всеми цветами — а цветов у мадам Шершеневич было великое множество, — поливать их утром и вечером. Нужно было уничтожать целые батальоны клопов, которые гнездились у мадам Шершеневич повсюду: в диванах, за обоями, в кушетках, даже в зеркалах и картинах. Эта работа отнимала у мамы все дни.

И вот однажды душною лунною ночью маму разбудил собачий лай. В столовой, выходившей на улицу, тявкали все четыре болонки мадам Шершеневич. Мама вбежала туда полуодетая и увидела, что на подоконнике, в самом ярком свете, стоит среди фуксий, олеандров и фикусов какая-то мужская фигура. Мама всмотрелась: замухрышный оборванец лет семнадцати, а может, и меньше, растрепанный, весь дрожащий, без шапки, взобрался на второй этаж (должно быть, по водосточной трубе) и завяз в самой гуще растений. Болонки выстроились перед ним полукругом, тоже освещенные луною, и так ретиво защищают владения мадам Шершеневич, что уже охрипли от лая.

Увидев маму, замухрышка схватил с подоконника горшок с

18

каким-то цветком и, выругавшись простуженным голосом, кинул его, как бомбу, в болонок. Те взвизгнули, завыли, заплакали и на минуту разбежались кто куда. Но тотчас же снова сомкнулись и затявкали с новым азартом.

Мама негромко и спокойно сказала ему:

— Дурень ты, дурень! Кто же ходит воровать при луне? И зачем ты кричишь на всю улицу? Хочешь, чтоб тебя скорее сцапали?

Вор ответил нехорошею руганью и, схватив с подоконника самый крупный горшок, со всего размаха запустил им в маму. Мама легко нагнулась, и горшок попал в пустой аквариум, который стоял у нее за спиной.

Весь этот трезвон разбудил меня. Я вбежал в комнату, схватив на всякий случай чугунный подсвечник, которым вчера перед сном разбивал на пороге орехи.

В это время мама говорила грабителю ровным, бесстрастным голосом, словно читала ему какую-то книгу:

— От какой ты ледащо[1], даже красть не умеешь. Пришел бы ко мне как хороший, я дала бы тебе и сала и хлеба.

Тут только сообразил я, что делать, и кинулся черным ходом за дворником. Дворницкая была заперта. Я стучал в нее кулаком и подсвечником.

Из соседней квартиры на мои стуки выбежал денщик генеральши Ельцовой, человек усатый и громадный. Он побежал за городовым и за сторожем.

Мама встретила этих людей неприветливо:

— Опоздали. Он уже вон оно где… — И указала в сторону Старо-Портофранковской улицы.

Они убежали, стуча сапогами, и вскоре мы услышали: «Держи-и!»

Такие крики в ту пору слышались почти каждую ночь.

Прошло пять минут. Вдруг мама сказала негромко:

— А теперь вылезай.

Из длинной корзины с бельем, что стояла в прихожей, вылез наш замухрышный грабитель.

---

[1] Ледащо (укр.) — лентяй, беспутный, никчемный человек

Он должен был бы упасть перед мамой на колени и сказать ей растроганным голосом: «Благодарю вас, великодушная дама, за то, что вы спасли мою жизнь». Но он только сплюнул, поправил прическу и снова отвратительно выругался.

Мама посмотрела на него с жалостью, как на калеку, и поспешила в столовую, к поломанным, измятым цветам, которые лежали среди черепков на полу.

Вор тупо глядел на нее, следя за ее быстрой работой.

— Как же тебя зовут? — спросила мама, после того как начисто вытерла испачканный пол.

Вор помолчал и угрюмо ответил:

— Циндилиндер.

Мама нисколько не удивилась такому странному имени.

— Ну, Циндилиндер, там у меня от обеда вареники.

Вор накинулся на мамину еду с жадностью голодного звереныша. После этого в нашей семье долго еще держалась поговорка, обращенная к тем, кто глотал, не жуя: «Что это ты ешь, как Циндилиндер?»

Насытившись, он хотел поскорее уйти, но мама оставила его ночевать тут же в коридоре, на корзине, потому что боялась, как бы не схватили его в подворотне.

Утром Циндилиндер ушел, и мы долго не видали его.

Месяца через три — уже у себя дома — я заболел скарлатиной. Скарлатина была тяжелая. Доктор Копп приходил каждый день и за каждые три визита получал два рубля — грандиозные деньги! А сколько ушло на лекарства да на два медицинских консилиума!

К зиме мы совсем обнищали. И мамина брошка из слоновой кости, и золотая браслетка с бонбончиками, и самовар, и медные кастрюли, и перламутровые круглые запонки, и даже черненькие Марусины часики — все уплыло в ломбард. Взамен мы получили зелено-лиловые квитанции, красивые, приятно хрустящие, с какими-то гербами и узорами. Восемь великолепных квитанций, которые я, выздоравливая, перебирал у себя в постели и рассматривал по целым часам.

И вот, когда мама стояла однажды в ломбарде у стойки,

держа в руках последнюю нашу роскошь — шкатулку из карельской березы, — она в очереди увидела вдруг Циндилиндера. Циндилиндер засмеялся:

— Гы-гы! — И хитро подмигнул.

Под мышкой у него был востроносый турецкий кофейник причудливой формы, должно быть похищенный летом у зазевавшихся дачников.

— Уй, какая же вы стали сухая тараня! — сказал он ей с любезной улыбкой, будто говорил комплимент. — На вас прямо-таки гадко смотреть!

Тарань — это такая сушеная рыба.

По маминому исхудалому лицу и по той ничтожной шкатулке, которую она принесла заложить, он увидел, что с нею беда. Мама рассказала ему о моей скарлатине. Он проводил маму до самых ворот, а вечером явился к нам, как давнишний приятель, и, ни слова не говоря, щедрым жестом положил перед мамой перевязанную веревочкой аккуратную пачку рублевок.

— Спрячь сейчас же, — сказала мама, — или я позову Симоненко.

Симоненко был седой околоточный, который жил в нашем доме и каждый вечер уныло учился играть на трубе. И сейчас его труба издавала отрывистые, монотонные, безнадежные звуки.

Циндилиндер засмеялся:

— Гы-гы. Не позовете. Я знаю.

Мама разгневалась и выгнала Циндилиндера вон.

Вскоре он явился опять, и как-то незаметно получилось, что он сделался у нас в семье своим человеком.

«Мамин вор», — звала его Маруся.

Придет в потемках кошачьей походкой, и под его бесшумными воровскими ногами не звякнет даже тот железный заржавленный лист, который прикрывает нашу помойную яму. Яма вырыта неподалеку от наших окон. Всякий, кто идет к нам с улицы, непременно наступает на лист, лист ударяется о чугунную решетку, на которой он неплотно лежит, и тогда раздается бряцание, заменяющее нам звон колокольчика.

Один только Циндилиндер умеет так ловко наступить на этот лист, что не слышится ни малейшего звука.

Ни с кем не здороваясь, он проходит на кухню, берет с табурета ведро и идет за водой — наливать нашу опустелую бочку.

Так как мама вечно возится со стиркой, с лоханкой, воды ей требуется всегда очень много, а крана во дворе у нас нет. И мама, и Маруся, и я должны добывать воду на далеких задворках одного из соседних домов, чтобы налить доверху ненасытную бочку, высасывающую все наши силы.

Принесешь четыре ведра, и в глазах зеленеет, и ноги и руки дрожат, а нужно нести пятое, шестое, седьмое, иначе придется идти за водою маме, а от этого мы хотим избавить ее — я и Маруся.

И вот теперь Циндилиндер сделался главным наполнителем бочки.

Оказалось, он совсем не такое «ледащо», каким мама сочла его в первое время.

Рысью бегает он к далекому «кранту» с нашим зеленым ведром, не делая ни одной передышки, и лишь тогда останавливается, когда не только бочка наполнена доверху, но и маленькая кадка в прихожей, и жестянка для кипячения белья (которая стоит на плите), и черное ведро, и даже лейка для поливания цветов.

Вообще он как-то сразу вошел во все хозяйственные интересы нашей семьи, и, когда по воскресным дням мама посылает его со мной на базар за селедками, помидорами, баклажанами, грушами, «пшенками» (то есть кукурузными початками), он так бешено торгуется из-за каждой копейки, что мне становится совестно, и я краснею перед базарными торговками.

Задумавшись о Циндилиндере, о своем горе, о маме, я не заметил, как дошел до нашего двора, как наступил на гулкое железо, прикрывающее нашу помойную яму (обычно я

22

старался обрушиться на него всей своей тяжестью, чтобы оно прогремело погромче), и, сгорбленный, готовый заплакать, поднялся по трем деревянным ступеням и вошел в нашу единственную комнату, которую мама называла «гостиной».

ГЛАВА ШЕСТАЯ

МАМА. ДЯДЯ ФОМА

Мама стояла у гладильной доски, набирала в рот воды из медной кружки, так что щеки у нее надувались, а потом делала губами: пфр! пфр! пфр!

И изо рта у нее вылетали мельчайшие брызги на белую мужскую сорочку, распростертую перед ней на доске. Потом она быстро хватала с опрокинутой самоварной конфорки черный тяжелый утюг, и утюг как-то особенно весело начинал танцевать по сорочке, словно ему было приятно, что им управляют такие умелые руки.

Мама моя была чернобровая, осанистая, высокая женщина. Лицо ее, красивое и правильное, кое-где было тронуто оспой, потому что родилась она в крестьянской семье, где натуральная оспа была обычной болезнью.

Я никогда не слыхал, чтобы кто-нибудь называл мою маму прачкой, и очень удивился бы, если б услышал. Между тем в ту зиму она не разгибая спины стирала чужое белье, и деньги, получаемые ею за стирку, были, кажется, ее единственным заработком.

Держала она себя гордо, с достоинством. Ни с кем из соседей не водила знакомства. По праздникам, уходя со двора, надевала кружевные перчатки и стеклярусную черную шляпку, а узлы с бельем приносила ей на дом Маланка, дочка соседнего дворника, тоже чуть-чуть рябоватая. Маланка же и вывешивала белье на «горище» (так назывался чердак), а порой во дворе, перед нашим окном, протянув веревку между сараем и двумя вербами, которые росли неподалеку. Маланка называла маму «барыней». А торговки, которые приносили к нашему крылечку груши, яблоки, кабачки, огурцы, называли ее «мадам».

Стирала она только по ночам, тайно от всех, и целыми днями стояла у гладильной доски с утюгом. Я даже и представить себе не могу нашу комнату без этой гладильной доски. Комната была небольшая, но очень нарядная, в ней было много занавесок, цветов, полотенец, расшитых узорами, и все это сверкало чистотой, так как чистоту моя мама любила до страсти и отдавала ей всю свою украинскую душу.

Три некрашеные ветхие ступени, ведущие к нашей двери, она каждую субботу «шарувала» мочалкой с мылом, а однажды при луне я видел из окна, как моет она во дворе гладкие широкие плиты, которыми была выложена площадка перед нашим крыльцом. А самовар! А подсвечники! А медная ступка! Мама чистила их даже тогда, когда они были совсем еще чистые.

В ночь спала она два-три часа и охотно отказывалась от этого краткого отдыха, если ей вдруг приходило в голову выбелить известкою погреб, выкопанный под нашей квартирой.

С каким презрением говорила она про мадам Шершеневич:

«Серьги золотые, а шея немытая!»

Она, кажется, перестала бы себя уважать, если бы однажды у нее под диваном оказалась пыль или за шкафом — паутина.

А уважала она себя чрезвычайно, никогда никому не кланялась, никого ни о чем не просила. И походка у нее была величавая.

Говорила она по-южному, певуче и мягко, наполовину по-украински, наполовину по-русски. Маруся часто поправляла ее:

— Так не говорят!

Но мне почему-то нравилось, когда вместо «шея» она говорила «шыя», вместо «умойся» — «умыйся», вместо «грязный» — «замурзанный», вместо «воробей» — «горобец».

— Ах, мама, ты опять сказала «цибуля»! Надо говорить не цибуля, а лук! — поучала ее Маруся.

И мама так стеснялась своей прекрасной украинской речи, что при посторонних предпочитала молчать.

Была она очень доверчива. Перед тем как купить у захожей

торговки груши, яблоки или, скажем, черешни, она простодушно спрашивала:

— А они хорошие?

— Хорошие, мадамочка, хорошие! — неизменно отвечала торговка, отмахивая привычным движением руки кружащихся над ее корзиною мух.

Узнав у торговки цену, мама задавала ей новый вопрос:

— А это не дорого?

— Не дорого, мадамочка, не дорого!

Когда же торговка отвешивала маме товар на своих сомнительных весах, мама спрашивала:

— А весы у вас верные?

— Верные, мадамочка, верные!

Мама вполне удовлетворялась такими ответами и была убеждена, что очень удачно купила хорошие и дешевые фрукты.

Впрочем, если бы она и видела, что ее надувают, она, по своей деликатности, вряд ли сказала бы об этом тем, кто надувает ее.

Ночью, когда она мыла наш погреб или белила кухню короткой мочальной кистью, она сама для себя, в такт работе, напевала грудным, низким голосом: «Ой, за гаем, гаем», «Ой, пид вишнею, пид черешнею», и я очень любил слушать сквозь сон эти чудесные песни, доносившиеся ко мне издалека. Но в другое время она не пела почти никогда. И умолкала на полуслове, едва замечала, что ее слушает хоть один человек.

Была она очень смешлива и, когда мы читали ей Гоголя или Квитку-Основьяненко[2], хохотала так, что было странно смотреть. Но я никогда не видел, чтобы она смеялась на людях или хоть раз улыбнулась, проходя мимо соседей по двору. Вообще с людьми она была очень сурова, ни к кому не ходила ни на именины, ни на свадьбы, ни в гости. И всякий раз, когда оставалась одна, на лице у нее застывало выражение глубокой печали.

---

[2] Квитка-Основьяненко Г.Ф. — украинский писатель, автор юмористического романа «Пан Халявский»

А сегодня мама так весела, словно никакого горя и нет в ее жизни. Глядит на меня задорно и молодо, еле сдерживается, чтобы не рассказать мне о каком-то веселом событии.

— Где это ты пропадал? — говорит она мне без упрека.

Еще на улице, по дороге домой, я решил сразу объявить ей всю правду. Я даже составил готовую фразу, которую нужно сказать ей, чуть только я взойду на порог: «Мама, не пугайся, пожалуйста… Все будет отлично… Даю тебе честное слово. Шестиглазый выгнал меня из гимназии».

Но не могу же я навалить на нее такое тяжелое горе как раз теперь, когда она так весела!

Лучше я скажу ей потом… вечером… или завтра за чаем. Завтра, завтра, в половине восьмого… А сегодня незачем ее огорчать.

Эта отсрочка страшно обрадовала меня — такой уж был у меня легкий характер. Я сразу повеселел и как ни в чем не бывало стал допрашивать маму, что такое случилось сегодня и отчего с дивана снят чехол.

Мама не ответила, но засмеялась негромко и указала подбородком в прихожую. Я бросился туда и сейчас же увидел висящий на гвоздике кнут. Как это я прежде не заметил его! Я с восторгом схватил этот кнут (помню и сейчас чуть кривое его кнутовище, гладко отполированное ладонью владельца) и закричал вне себя:

— Дядя Фома приехал! Приехал дядя Фома!

От моих горестей почти ничего не осталось. Все вокруг меня сделалось прекрасным и сказочным. Я бегу на кухню и щелкаю, щелкаю великолепным кнутом, но дяди Фомы там нет. Я заглядываю в погреб, в сарай. Я ищу его под кроватью, за бочками, и мне кажется, что, чуть я найду его, горе мое испарится совсем. И я опять бегу к маме и спрашиваю: «Где же дядя Фома?», но мама только смеется загадочно и говорит, что он уехал к какому-то Фурнику, — ждал меня, ждал и уехал один далеко, на Пересыпь, к Фурнику, и неизвестно, вернется ли. Но я чую милый его запах: дегтя, меда, деревенского хлеба и еще чего-то уютного, поэтичного.

— Он здесь! — кричу я. — Он здесь!

И правда, он здесь, в двух шагах. Я распахиваю дверцы кладовой: вот он стоит но дыша, притаившись, чернобровый красавец в белой холщовой рубахе, и смотрит на меня без малейшей улыбки. А мама смеется до слез — она любит такие сюрпризы. И я тотчас начинаю кричать:

— Пуканцы! Пуканцы!

Потому что всякий раз, когда приезжает дядя Фома, он привозит с собой кукурузные зерна в мешочке из белой холстины, и не простые зерна, а диковинные. Они кажутся нам заколдованными. Помочи их в воде, брось в духовку, и они начинают стрелять (только и слышно: пых! пых!) и прыгают как живые; и, чуть они прыгнут, скорее хватай их, чтобы они не сгорели, и смотри: из желтых они сделались белыми и распустились, как чудесные цветы. Я готов стоять у раскаленной духовки весь день и бросать туда все новые и новые зерна и набивать пуканцами живот до отвала.

И мне даже самому удивительно: как это я, переживая такое тяжелое горе, могу в то же время легкомысленно радоваться каждому выстрелу кукурузного пуканца.

Впрочем, горе ушло от меня не совсем, я чувствую его даже тогда, когда выбегаю во двор в барашковой дядиной шапке и прыгаю, как дикарь, на помойке и щелкаю звонким кнутом, а мальчишки глядят на меня и завидуют.

— У меня есть ежик! — кричу я мальчишкам. — Мне привез его дядя Фома!

И те, изнывая от зависти, бегут за мною по лестнице в погреб и смотрят на ежика с таким восхищением, будто он кенгуру или слон.

В первую минуту, едва только я стал обладателем ежика, я обрадовался ему, как родному. Я угощал его бураками, капустой и даже кусочками брынзы, которую дала мне к обеду Маруся, я хвастался им перед всеми мальчишками. Но вот мальчишки ушли, я остался один вместе с ежиком в погребе, и глаза мои набухли слезами. Если бы он знал, этот ежик, какая беда отодвинута мною на завтра и что ждет меня через

28

несколько дней, он сразу подружился бы со мною, он прижался бы ко мне всеми своими колючками и замурлыкал бы, как ласковый кот. Но он даже не глядит на меня. Он свернулся в комок и невежливо фыркает, и я даже не могу разобрать, где у него ноги и где голова.

Это кажется мне очень обидным. Я сердито швыряю в него остатки капусты и бегу по лестнице к дяде Фоме. Пусть расскажет мне сказку про хитрого шевчика (то есть сапожника). Я знаю ее наизусть, но люблю слушать ее еще и еще:

> Сыдыть шевчик на стильци,
> На кумови постольци
> Накладае латы.
> А тут двери в синцях скрып,
> А там дали в хати рып,
> Шелеп кум у хату.[3]

Но дядя Фома занят труднейшим и серьезнейшим делом: он сидит в «гостиной» вместе с мамой и, мрачно нахмурив свои черные брови, чинно и чопорно пьет из стакана чай.

Удивительные у него сложились отношения с мамой. Он ее единственный брат, она любит его всей душой, а он боится ее как огня и чувствует себя рядом с ней словно скованный. Она говорит ему «ты», он ей «вы». Она ему — Фома, он ей — Катерина Осиповна. Он совестится перед нею всех своих деревенских привычек; она, прачка, кажется ему важною барынею, а ее убогая квартира — хоромами. Ни на секунду не забывает он, что он в городе, где надо говорить по-городскому и ходить иначе, чем в деревне. Пить чай из стакана для него пытка; вилка, положенная возле тарелки с колбасой и таранью, до такой степени пугает его, что он и не берется за еду.

Я тоже ни на секунду не забываю, что он деревенский. В

---

[3] Сидит сапожник на табуретке, чинит лапти своего кума. Вдруг заскрипели двери, сначала в сенях, потом — в хате, и в хату вваливается кум

деревне я не был ни разу, и потому «человек из деревни» для меня все равно что краснокожий индеец, или пират, пли капитан корабля. Я ложусь на гладильную доску и жду. Я знаю, что, когда чаепитие кончится, дядя Фома схватит свою деревенскую шапку и побежит в сарай к своей деревенской коняге, — и я побегу вслед за ним: там, в сарае, начнутся чудеса и забавы, откуда-то вынырнет шкалик — и дядя Фома вдруг окажется говорливым весельчаком, остроумцем, и все биндюжники вокруг него будут хохотать, «как скаженные», над каждым его словом, потому что, насколько я теперь понимаю, у него был талант юмориста.

Всякого человека умел он изобразить в смешном виде: и нашего домохозяина Спиридона Макри, и старика Исака Мордухая, державшего кабак за углом, и мадам Шершеневич, и меня, и Марусю, и Маланку, и даже свою жену Ганну Дмитриевну: как она боится грозы и, увидев молнию, лезет в сундук.

Выпучив глаза, надует щеки, как-то странно уменьшится в росте, сунет себе в рот большой палец — и вот уж он другой человек: весь до последнего волоска превратился в седого усача Симоненко, который учится играть на трубе.

— А теперь Абрашку! Абрашку!

— Мотю! Мотю!

Мотя была кухаркой биндюжников, великанша с мужскими усами, вечно ругавшаяся рокочущим басом. Дядя Фома не то что передразнивал ее, а прямо-таки превращался в нее: вот она стоит у плиты, воровски озираясь, и, вытащив из большого котла огненно-горячий кусок сала, прячет его на своей необъятной груди.

И хотя в руках у дяди Фомы — ничего, но видишь это мягкое, разваренное, горячее сало, от которого идет белый пар, как оно обжигает ей руки и грудь, как она швыряет его обратно в котел.

Зрители расслабли от смеха. Уже не хохочут, а стонут. Их набирается все больше. Слышатся восторженные отзывы:

— Ну ж и холера, волдырей ему в голову!

Но, если в дверях позади показывалась хоть на мгновение мама, дядя Фома умолкал и даже закрывал себе шапкой лицо, а потом уходил в глубь сарая и начинал неуклюже возиться с каким-нибудь колесом или шкворнем. Это всегда удивляло меня, так как мама была очень смешлива и, казалось, рада была бы похохотать вместе с ним.

Но дядя Фома робеет перед ней до безъязычия. Чинно и чопорно сидит он сейчас на диване и обжигает себе рот горячим чаем, не смея прикоснуться к колбасе, и молчит целый час, как немой. Мама заговаривает с ним на всевозможные темы, но он только «да» или «нет».

Впрочем, я не знаю, чем кончился их разговор, так как я глубоко заснул тут же, на гладильной доске.

ГЛАВА СЕДЬМАЯ

СНОВА В ГИМНАЗИИ

На другое утро я проснулся чуть свет и хотел тотчас же броситься к маме, чтобы сказать ей ту фразу, которую приготовил вчера: «Мама, не пугайся, пожалуйста. Все будет отлично, даю тебе честное слово. Шестиглазый выгнал меня из гимназии». Но тут мне пришла в голову дерзкая мысль: взять ранец и пойти в гимназию как ни в чем не бывало. Проберусь туда тихонько, раньше всех. Сяду за свою парту и буду сидеть притаясь. Может быть, Шестиглазый не увидит меня: он ведь такой близорукий. А если и увидит — кто знает? — может быть, ему станет жалко меня, он махнет своей маленькой ручкой и скажет: «Ладно, оставайся, но помни…»

А может быть, он забыл о вчерашнем, мало ли у него дел и забот! Пригрозил сгоряча, а потом и забыл. Забыл, забыл! Он ведь и сам говорит, что из-за нас у него «мозги набекрень»! Где же ему помнить о таких пустяках!

Мне так хочется верить в это, что через две-три минуты я начинаю воображать, будто и в самом деле никакой особенной беды не случилось, тороплиьо хватаю фуражку и выбегаю на безлюдную улицу, пристегивая ранец на ходу.

В окне у часовщика на Канатной без четверти семь. Пахнет пылью и весенним дождем. В гимназии еще нет никого. Приду до начала уроков и сяду тихонько повторять географию. Хорошо бы получить по географии пять. И по истории тоже. Вот даю себе честное слово здесь, на перекрестке Канатной и Рыбной, что с нынешнего дня, если только я останусь в гимназии, я буду учиться как черт и сделаюсь по всем предметам первым, даже лучше Адриана Сандагурского, первейшего ученика во всей гимназии.

Справа, в переулке за Андреевской церковью, вся в утренних, светло-вишневых лучах, видна белоснежная, окруженная садом женская гимназия Кроль. Там учатся Рита

Вадзинская, Лека Курындина и Тимошина сестра Елизавета. Я вглядываюсь в глубину переулка, исчерченного длинными тенями деревьев, и мне страшно хочется, чтобы там появилась Вадзинская. Мне даже кажется, я вижу ее. Вот она идет под деревьями, а солнечные блики и тени полосами пробегают по ней. Нет, это не она. Я ошибся.

Я влюблен в нее еще с прошлого года. Стоит мне завидеть ее издалека, и сердце мое холодеет, как мятная лепешка во рту. Мне становится так трудно идти, словно я иду по канату, протянутому высоко над домами. Никакие силы не могут заставить меня посмотреть ей в лицо. Она еще далеко, за десять — двенадцать шагов, а шея у меня становится словно чугунная, и я от растерянности готов провалиться сквозь землю.

И как мне странно, что все остальные нисколько но робеют перед нею, а разговаривают, как с самой обыкновенной девчонкой! И что отец ее просто-напросто владелец «Соборной аптеки», у которого во всякое время вы можете купить мозольный пластырь. Объявления о его мозольном пластыре расклеены во всем городе на каждой стене.

Нас, гимназистов, в гимназию Кроль не пускают. Нам даже запрещают останавливаться возле гимназии Кроль. И все же мы трое — Муня, Тимоша Макаров и я — в течение этой зимы умудрялись выручать гимназисток, когда на каком-нибудь уроке им приходилось особенно туго.

Мы придумали верный способ оказывать им дружескую помощь.

Не беда, что гимназистки сидят запертые в стенах своих классов, за две улицы от нашей гимназии. Все же мы наладили с ними крепкую почтовую связь, которой могла бы позавидовать и настоящая почта.

В качестве почтальонов работали у нас учителя: Иван Митрофаныч и поп, причем они даже не подозревали об этом, потому что почтовыми ящиками, как ни странно сказать, служили нам их же калоши — мелкие калоши Ивана Митрофаныча и глубокие калоши попа.

И тот и другой преподавали не только у нас, но и в

гимназии Кроль. Каждый день и тот и другой путешествовали в строго определенное время из женской гимназии в мужскую и потом, через час, через два, снова шагали в женскую.

Раздевались они в общей шинельной, у сторожа Филиппа Моисеича, там же оставляли калоши. И уходили в учительскую.

Едва только они уходили, мы вбегали в шинельную и, озираясь как воры, совали руки в самую глубину их калош. Достав оттуда записочку, мы в течение ближайшего часа писали гимназисткам ответ и клали наше послание в ту же калошу.

Ничего не подозревавший учитель, хлюпая по грязи калошами, нес это послание в гимназию Кроль, где его нетерпеливо поджидали кудлатая Симочка Глазер или тонконогая Ася Бонецкая.

Но теперь весна, улицы обсохли по-южному, и никто уже не ходит в калошах.

Вот и гимназия. Тяжелая дубовая дверь. Никого еще нет. Я вхожу в вестибюль, оставляю на вешалке фуражку, пробираюсь в класс, сажусь за парту и вынимаю из ранца учебники. «География» Георгия Янчина. Реки Сибири. Отлично! Раскрываю атлас и начинаю зубрить:

— Лена. Обь. Енисей. Колыма. Ангара…

Не проходит и четверти часа, как все реки Сибири в каком угодно порядке, враздробь и с конца, выучены мною назубок. Чудесные реки, многоводные, богатые рыбой! И какие звучные у них имена: Хатанга, Индигирка, Анадырь!

Теперь, когда меня каждую минуту могут выгнать из класса на улицу, все здешнее кажется мне замечательным.

Вот пришли полотеры с окаменелыми лицами и, танцуя, натирают пол коридора. До сих пор мне не слишком-то нравился запах полотерной мастики, а сегодня я с удовольствием вдыхаю его, потому что это запах гимназии.

Вот поплелся в учительскую, расчесывая поломанным гребнем обвислые свои бакенбарды, учитель рисования Галикин (кличка — Барбос), он же надзиратель старших классов. Это хмурый, морщинистый, сердитый старик с осипшим голосом и пустыми глазами.

Он совершенно похож на дворнягу и даже кашляет, как простуженный пес.

Но нынче мне мил и он, то есть не то чтобы мил, а жалок. Говорят, у него какая-то болезнь — катар. Жидкие его бакенбарды сегодня свисают как-то особенно грустно. Бедный, старый, облезлый Барбос! Легко ли ему злиться с утра до вечера!

А вот и учитель географии Волков Василий Никитыч, благодушный чудак, для которого я и вызубрил нынче Хатангу, Ангару, Индигирку, Лену, Обь, Колыму, Енисей.

Но где же его друг и приятель, наш историк Иван Митрофаныч, которого мы зовем Финти-Монти? Как я рад, что увижу сегодня его крупную, стриженую, упрямую, лобастую голову!

Финти-Монти — человек не без странностей, и первая его странность такая: стоит ему рассердиться, он выпаливает, как пулемет, целую обойму ругательств, без передышки, одно за другим. И всегда в одном и том же порядке:

— Мазепы! Свистуны! Горлопаны! Финти-Монти! Жуки на заборе!

Все эти дикие слова вылетают из него единым духом. Их порядка он не нарушает никогда.

Вторая его странность такая: если вы не знаете урока, он подзовет вас к себе, словно хочет приласкать и обрадовать:

— Ближе… Еще… еще…

Вы подходите вплотную к самой кафедре, и он говорит, улыбаясь приветливо:

— Возьмите, пожалуйста, перышко. Макните в чернила и поставьте себе в эту клеточку… нет, не сюда, а сюда… единицу.

Поставить себе единицу — все равно что ударять себя по щеке. Вы ставите тоненькую, еле заметную.

— Но зачем такую тощую? Жирнее. Не стесняйтесь, пожалуйста.

Отчего он это делает, не знаю. Но к этому чудачеству мы

уже успели привыкнуть, и, так как единицы у Ивана Митрофаныча редкость, так как он ставит их только в том случае, если вы их заслужили вполне, эта процедура давно не вызывает обид.

Зато его уроки для всякого радость. Неужели меня выгонят отсюда и я больше никогда не услышу, как своим сиповатым голосом, медленно и сонно, как будто скучая, он изображает перед нами и самозванцев, и Грозного, и свержение татарского ига, и Владимира Мономаха, и Минина? От него мы впервые услышали имена Радищева, Рылеева, братьев Бестужевых, Петрашевского, Герцена, о которых в нашем казенном учебнике по русской истории не сказано ни единого слова, будто эти люди никогда не существовали на свете. Все его рассказы такие занятные, что даже пучеглазые братья Бабенчиковы слушают его разинув рот.

А вот и они. До чего краснощеки и счастливы! Идут к своей парте и громко сосут по дороге какую-то шоколадную сласть, утирая коричневую слюну рукавами.

Почему их, губошлепов и лодырей, которые не интересуются ничем, кроме пакостных анекдотов и карт (я уверен, что и сейчас у них в ранцах есть истрепанные игральные карты), почему этих скудоумцев, несмотря ни на что, награждают четверками, переводят из класса в класс и через три года сделают студентами в зеленых мундирах, а я…

Впрочем, что же мне жаловаться? Я еще сижу за своей партой, как сидел вчера и неделю назад, и никто меня не гонит, все отлично, и вокруг меня те же товарищи, с которыми я под одним потолком пробыл неразлучно пять лет.

Вот и Зуев. Идет, семеня по-старушечьи ножками, опустив на грудь свою тяжелую голову.

Мне даже запах его издавна знаком: старушечий запах кофея, церковного ладана, уксуса, кошек и каких-то лекарств, вроде валерьяновых капель.

Сейчас, я знаю, начнет он крестить по порядку мелкими и быстрыми крестами свою чернильницу, свои тетради, свою ручку с пером. А потом посмотрит на висящую в классе икону бородатого и лысого пророка Наума, перекрестится и скажет по-старушечьи:

Святой пророк Наум,
Наставь меня на ум!

Я ведь знаю его наизусть, знаю даже, что нынче с утра по случаю субботнего дня, еще до начала уроков, он, вместо того чтобы повторить «Географию» Янчина, бегал по церквам и часовням и усердно молился о том, чтобы все учителя, за исключением двух-трех, заболели холерой и умерли.

Вот и наш финансовый гений Аристид Окуджалла, маленький, юркий, как мышь. Уже два года он занимается в классе очень прибыльной и остроумной коммерцией: страхует нас от единиц и двоек. Перед каждым особенно страшным уроком — перед письменной алгеброй или устной латынью — вы идете к Окуджалле и вносите в его кассу пятак. Если вы получите удовлетворительный балл, ваш пятак остается в кассе; если же кол или двойку, Окуджалла сразу облегчит ваше горе, ибо его касса тотчас же выдаст вам пять или шесть пятаков. Если вас не вызывали, ваш пятак пропадает. В свою пользу Окуджалла удерживает очень скромный процент. Вообще он ведет свое предприятие честно, не зарится на большие доходы, и фирма его процветает. Нет, если я останусь в гимназии, Окуджалла больше не получит от меня ни копейки. Я буду первый ученик во всем классе, и мне не нужно будет страховаться от двоек!

— Хатанга, Ангара, Индигирка, Лена, Анадырь, Колыма…

А вот исплаканный, несчастный Козельский. Сегодня и завтра ему предстоит просидеть в карцере по четыре часа «за подделку отметок и сокрытие своего дневника». Хорошо еще, что отец его уехал в Тирасполь и тем избавил его от кулачной расправы. Отчего же он плачет, чудак? Я был бы рад просидеть в нашем карцере двадцать часов — нет, не двадцать, а двести, — лишь бы Шестиглазый оставил меня на этой скамье.

Вот и Муня Блохин. Запыхался, вспотел. Боялся опоздать и

бежал всю дорогу. А живет он далеко, на Молдаванке. И, как нарочно, он сегодня дежурный.

— Здравствуй, Муня!

— Пфа!.. Ты здесь?

Он смотрит на меня с удивлением и присаживается на край моей скамьи:

— А я слышал, что тебя…

Он делает жест кулаком, показывающий, как выталкивают человека за дверь.

— Муня, ведь и правда меня выгнали, — говорю я и хочу улыбнуться, но, чуть только я выражаю мое горе словами, я впервые с необыкновенною силою чувствую всю отчаянность моего положения.

Мне становится так жалко себя, что у меня начинает дрожать подбородок. Я слышу, как мои редкие слезы падают на «Географию» Янчина, орошая и без того многоводные реки Сибири: Хатангу, Индигирку, Анадырь.

— Меня выгнали… И все же я пришел… потому что…

Он понимающе кивает головой.

— Я пришел и сижу… Как всегда… И думаю: а вдруг не заметят, забудут… Я пришел и сижу, потому что..

Я стараюсь плакать беззвучно. И плачу до икоты, до бульканья в горле.

Он с сомнением чмокает губами:

— Ты думаешь, не заметят? Ой-ой!.. А впрочем, откуда мы знаем? Посмотрим. И… садись-ка ты лучше сюда. Ты — на мое место, а я — на твое. Раздвину локти, и вот тебе ширма.

Это очень ничтожная помощь, но никакой другой оказать он не в силах. Я хватаюсь и за эту соломинку.

К счастью, мною никто не интересуется, хотя теперь без трех минут половина десятого, когда надзор особенно силен. В это время по коридору всегда проносится, как летучая мышь, Шестиглазый, заглядывая по порядку в каждый класс, и в каждом говорит одно и то же:

— Прекратите — немедля — этот — безобразный — галдеж.

И проходит на цыпочках дальше какой-то чрезвычайно затейливой и хлопотливой походкой.

Тут же расхаживает между классами наш красноносый инспектор Прохор Евгеньевич. Он сует голову в каждую дверь и говорит свое обычное:

— Пш!..

Прохор Евгеньевич (или попросту Прошка) еще хуже Барбоса. Вечно он подкарауливает, подслушивает, подглядывает, ходит на мягких подошвах, охотится за каждым гимназистом. Это кляузник и соглядатай, ненавистный нам всем. Если ты вышел на улицу после семи часов вечера, если ранец у тебя не пристегнут на оба крючка, если ты, обходя лужу, зазевался и не снял фуражки перед Прошкой, он запишет тебя в зеленую книжечку, и завтра же тебя посадят в карцер после занятий на час или два.

ГЛАВА ВОСЬМАЯ

ЗА СПИНОЮ У МУНИ

Прозвонил звонок, и в комнату впорхнул м-сье Лян, учитель французского, вытирая свой крохотный лобик концом темно-лилового шарфа. М-сье Лян мне нисколько не страшен. Хоть он приехал в Россию давно, но все еще не понимает по-русски.

М-сье Лян кажется человеком, упавшим с луны: не знает в лицо ни одного гимназиста, никогда не соображает, в каком он находится классе, и в течение нескольких лет не научил нас ни единому французскому слову. Впрочем, нет: одно французское слово мы все знаем твердо. А именно: что Лян (L'ane) — это осел.

Меня и теперь удивляет, почему у него такая фамилия. Осел ли он, я сказать не могу, потому что ни разу не разговаривал с ним. В классе есть семь или восемь счастливцев, которые чуть не с пеленок знают французский язык. С теми он болтает самым дружеским образом и часто во время разговора смеется, всякий раз поднимая палец, перед тем как сострить. На остальных он не обращает внимания. Кажется, если бы вместо меня посадили на мою парту Циндилиндера или Ваську Печенкина, и тогда м-сье Лян ничего не заметил бы.

Но все же в нем есть что-то милое. Нынче я вижу это особенно ясно. Даже его достопримечательный шарф не вызывает во мне обычной насмешки. В сущности, чем же он плох, этот шарф? М-сье Лян не только обматывает им свою тощую, зябкую шею, но и чистит им туфли, и стирает им мел с доски. В него же он часто и гулко сморкается.

«Если я останусь в гимназии, я в два-три месяца непременно выучу французский язык», — говорю я себе, глядя не без зависти, как бойко разговаривают с Ляном Сандагурский, Сабуров и другие «аристократы» нашего класса. «А шарф можно выстирать, и он «опять будет чистый».

Но вот загремел звонок. Все выбежали в коридор — на перемену. Я же продолжаю сидеть притаясь. Так как дежурный — Муня, никто не тревожит меня.

Муня открывает в классе форточку и бежит в канцелярию за бутылкой чернил, но сейчас же возвращается взволнованный:

— Идут! Шестиглазый и Прошка!

Я бегаю в испуге по классу. Где спрятаться? За печкой? Под кафедрой?

Но пугаться было нечего. Шестиглазый и Прошка проходят мимо и направляются в соседний класс — в шестой.

Как мы узнали потом, в этом классе произошло небольшое событие: в ящик для мела под классной доской кто-то с самого утра сунул кошку.

И вот теперь Шестиглазый и Прохор нагрянули на место преступления с Василием Афанасьевичем, Барбосом и Пыжиковым (надзирателем младших классов, помещавшихся на нижнем этаже) и чинят там суд и расправу.

Значит, я могу ничего не бояться по крайней мере полчаса или час.

Следующий урок — геометрия — тоже миновал благополучно.

И, так как в шестом классе все еще не кончилось «дело о кошке» (нет сомнения, что Шестиглазый произносит там вдохновенную речь), я пользуюсь этим вовсю: выбегаю во время второй перемены из класса и мчусь по всему коридору — от стены, где висят часы, до стены, где висят иконы (стена огорожена деревянной решеткой, и за этой изгородью Шестиглазый устроил небольшую молельню, как бы специально для Зуева, который, даже пробегая в уборную, останавливается здесь покреститься).

Я неудержимо ношусь взад-вперед, скользя, как по льду, по вощеному полу, и заглядываю вместе со всеми в стеклянные двери шестого класса: гимназисты все еще стоят, как солдаты, навытяжку, а Бургмейстер по-прежнему пилит их деревянной пилой своего красноречия.

Звонок. Пробегая к парте, я издали вижу обрадованные

глаза моего друга Тимоши. Должно быть, он все время тревожился, не зная, куда я пропал. Я усаживаюсь поскорее на место и открываю учебник по русской истории. Царствование Екатерины Второй. Параграф восьмой и девятый. Сейчас войдет сюда Иван Митрофаныч, и я опять услышу его милую, безобидную ругань: «Мазепы! Свистуны! Горлопаны! Финти-Монти! Жуки на заборе!»

Но вошел не Иван Митрофаныч, вошел Шестиглазый, а вслед за ним какой-то высокий кудрявый, могуче сложенный мужчина с широкой холеной, волнистой бородой.

Шестиглазый надел пенсне сверх своих обычных очков (оттого и назвали его Шестиглазым), выступил вперед и сказал:

— Я пришел, чтобы познакомить вас с вашим новым учителем, Игорем Леонидовичем Гудима-Карчевским, и сказать вам, что вы должны быть благодарны судьбе за то, что она посылает вам такого наставника. Те исконно русские начала государственной власти…

Дальше пошли непонятные и нудные фразы, но одно стало ясно после первых же слов: Иван Митрофаныч ушел из гимназии и уже никогда не вернется.

Вскоре Шестиглазый исчез. Новый учитель вдруг, к нашему изумлению, трижды перекрестился на икону пророка Наума, потом поднял могучие плечи, будто приготовился к бою, и крупным, уверенным шагом пошел по рядам.

— Что вам задано? — воинственно обратился он к Тюнтину.

— Екатерина Вторая, параграф восьмой и девятый.

— Неверно. Стойте столбом… Ну-ка, вы!

— Нам задана Екатерина Великая, параграф восьмой и девятый.

— Неверно. Стойте столбом… Ну-ка, вы!

Кого бы он ни спрашивал, все отвечали ему одинаково, и каждого он заставлял «стоять столбом». Таких «столбов» набралось уже больше десятка. С отвращением посмотрел он на них, как смотрят на мокриц или жаб, и наконец проговорил расслабленным, обиженным, страдальческим голосом, очень медленно, отчеканивая каждую букву:

— Не Екатерина, а им-пе-ра-три-ца Екатерина Великая. Екатериной вы можете называть вашу дворничиху… Но го-су-да-ры-ня им-пе-ра-три-ца… Она исправляла нравы, насаждала науки, осчастливила нашу отчизну завоеванием новых земель…

Было похоже, что он сейчас заплачет.

— И вообще предупреждаю, что всякий из вас, — продолжал он тем же детским, обиженным голосом, который так не шел к его огромному росту, — кто на уроке истории скажет мне о каком-нибудь из самодержавных им-пе-ра-то-ров русских просто Павел, или просто Александр, или Николай, или Иван, получит от меня (тут лицо его засияло, как солнце)… е-ди-ни-цу.

Уже прозвенел звонок, и началась большая перемена, а он все еще продолжал говорить.

Блохин повернулся ко мне и сказал:

— Это же черт знает что: из-за такого шпендрика прогнать Финти-Монти!

— А разве Финти-Монти прогнали?

— Пфа! Еще на прошлой неделе. В субботу.

— Откуда ты знаешь?

— Пфа!

Блохин жил на квартире у нашего географа Волкова и знал от него много гимназических тайн.

Кто же прогнал Финти-Монти? И за что? За какие грехи?

Не было в нашей гимназии учителя, к которому мы, гимназисты, питали бы более нежные чувства. Это был наш верный союзник и друг.

Помню, к нам на экзамен, когда мы переходили из третьего класса в четвертый, неожиданно приехал в роскошной карете главный начальник всех церквей и священников — преосвященный архиерей Диомид. Его встретили на лестнице специальным приветственным гимном. Шестиглазый и другие педагоги сгрудились в прихожей, чтобы поцеловать ему руку, а мы, гимназисты, сидели в своем классе, дрожа и холодея от страха, ибо в присутствии такого большого начальства нам на экзаменах не будет поблажки. Закон божий считался тогда важнейшим и труднейшим предметом — нужно было знать назубок десятки всевозможных молитв и евангельских текстов, — и провалиться на этом экзамене было бы для каждого из нас несчастьем.

Но вот, покуда Шестиглазый и вся его свита суетились в прихожей, в класс вошел Финти-Монти, и в какие-нибудь две-три минуты все мы были спасены от грозящей нам гибели.

Молча, не говоря ни единого слова, Финти-Монти приблизился своей тяжелой и спокойной походкой к столу, застланному синим сукном, взял с самого краю семь или восемь билетов, по которым нам предстояло отвечать на экзамене, и стал медленно показывать их изумленному классу — достаточно медленно, чтобы мы успели запомнить, в каком порядке они лежат на столе. Потом проделал то же самое с другими билетами, и к тому времени, как архиерей, почтительно поддерживаемый с обеих сторон Мелетием, Шестиглазым, Барбосом и Прошкой, был водворен наконец на свое почетное место за экзаменационным столом, каждому из нас было твердо известно, где, на каком именно участке стола находится наиболее желанный билет. Из всех билетов я, например, лучше всего вызубрил двадцать четвертый. Заприметив, что он лежит возле чернильницы справа, я, когда пришла моя очередь, уверенно протянул к нему руку и отбарабанил свой ответ без запинки. Слушая меня, преосвященный благосклонно кивал головой и поставил мне круглое пять. Таких же пятерок почти поголовно удостоились на этом экзамене и другие мои одноклассники. И все это благодаря Финти-Монти, который, как узнал я впоследствии, был ярым противником попов и поповщины.

Кроме того, каким-то инстинктом мы почувствовали, что он, как и мы, ненавидит Шестиглазого и всех его «архангелов», как он выражался, и что они ненавидят его.

Наконец-то новый учитель Гудима-Карчевский направился к двери. Все с ревом и топотом, свистя и толкая друг друга, помчались вслед за ним в коридор.

Выбежал вместе со всеми и я, стараясь, по возможности,

держаться в самой гуще толпы, чтобы меня не заметили ни Прошка, ни Барбос, ни Бургмейстер.

Только бы прошла большая перемена! А потом уж нечего бояться!

Следующий урок после большой перемены — латынь. Мои товарищи ее терпеть но могут. Я же с самого первого класса полюбил этот язык, как родной. Всякое латинское слово кажется мне драгоценностью: оно такое красивое, простое, благородное, гордое, звучное, что я рад повторять его множество раз, как повторяют любимую песню. И я знаю, что, если Игнатий Иваныч Кавун, наш латинский учитель, вызовет меня сегодня к доске, он будет после каждого ответа кивать мне румяной своей головой и приговаривать «бене» («бене» — по-латыни «хорошо»). Кавуна мне бояться нечего. Кавун всегда и везде за меня.

А потом география. Тоже не страшно. Многоводные реки Сибири — Хатанга, Ангара, Индигирка, Лена, Анадырь, Колыма.

А потом домой, к себе на Рыбную!.. А дома — дядя Фома! А завтра — воскресенье! А в погребе — еж! А ко мне придет мой любимый Тимоша, самый закадычный мой друг!

ГЛАВА ДЕВЯТАЯ

«НИ В ПАРАДНЫЙ, НИ В ЧЕРНЫЙ!»

Мы подружились с Тимошей еще в первом классе, на девятом году нашей жизни, чуть только он поступил к нам в гимназию.

Помню, тогда в коридоре возле нашего класса полыхнуло из печки пламя; кто-то сказал: «Пожар!» Это испугало Тимошу, и он признался, сильно заикаясь:

— У м-м-меня инда сердце трепещет.

И даже не «трепещет», а «тряпещет». Многие из нас, несмотря на испуг, засмеялись: таким необычным показалось нам это «инда» и это «тряпещет». Тимоша только что приехал из Архангельска, и его северная русская речь, без всяких примесей нашего южного говора, показалась большинству диковатой.

Никому из нас он тогда не понравился: веснушчатый, с большими ушами, заика. Заикаясь, он брызгал слюною, и все убегали от него, не дослушав. А он, как и многие заики, любил говорить. Я единственный с первых же дней стал его терпеливым и снисходительным слушателем.

Сначала я слушал его только из жалости, чтобы не обидеть его. Но вскоре произошла очень странная вещь, которой я до сих пор не могу объяснить: разговаривая со мною, Тимоша почти перестал заикаться. В разговоре с другими он заикался по-прежнему, но когда мы оставались вдвоем, речь его становилась текучей и гладкой, как у всякого другого мальчишки. На том чудесном северном наречии, которое он привез с собою с Белого моря к Черному, он рассказывал мне о Синдбаде-Мореходе, о птице Рох, о лампе Аладдина, о волшебных пещерах, наполненных золотыми сосудами, о подземных садах, где копошатся чудовища, и, главное, о контрабандистах и веселых разбойниках, которых он будто бы видел своими глазами.

Его отец был начальник морской таможни и ловил

46

контрабандистов десятками, — так, по крайней мере, говорил мне Тимоша.

Потом я понял, что его рассказы о контрабандистах — фантазия, но тогда я верил им и они волновали меня.

Контрабандисты в этих рассказах были все как на подбор смельчаки, великаны, с длинными пистолетами в белых зубах, но Тимошин отец был смелее их всех: он в страшную бурю выезжал на таможенном катере один против всех и, смеясь над их выстрелами, брал их в плен, как Гулливер лилипутов.

Я очень удивился потом, увидев его отца: этот грозный сокрушитель пиратов оказался самым обыкновенным чиновником — лысоватый, с землистым лицом, в теплых валенках, которые он носил даже летом, потому что страдал ревматизмом.

Может быть, Тимоша оттого и выдумал себе другого отца, что его подлинный отец был такой чахлый и скучный.

О подвигах этого выдуманного отца Тимоша рассказывал мне чаще всего на задворках нашего дома. Там стояли «каламашки» — некрашеные полукруглые ящики, похожие на глубокие большие корыта, в них вывозили накопившийся мусор и снег. В свободные часы мы с Тимошей любили забираться в каламашку, ложились на ее занозистое, корявое дно и шептали друг другу всякие небылицы и выдумки.

Это у нас называлось почему-то «говорить про Багдад».

Позже, когда мы перешли в третий класс и стали читать из недели в неделю бурнопламенный журнал «Вокруг света», который выписывала Тимошина мать, мы стали в той же каламашке рассказывать друг другу истории о следопытах, людоедах, ковбоях, огнедышащих горах и африканских миражах.

Замечательно, что, едва только попадали мы на дно каламашки и, качаясь как в лодке, начинали «говорить про Багдад», мы словно переселялись в другую страну и сами становились другими, не такими, какими были за минуту до этого, когда дразнили на улице козла Филимона или воевали с ордою печенкинцев.

Там же, в каламашке, уже будучи в пятом классе, я открыл

47

Тимоше две важные тайны, которых не открывал никому: что я влюблен в Риту Вадзинскую и что я сочиняю стихи. Об этом я говорил ему только в каламашке. Едва мы вылезали оттуда наружу, все подобные разговоры у нас прекращались, и Тимоша страшно удивился бы, если бы в классе или на улице я сказал хоть одно слово о том, о чем мы говорили в каламашке.

Сейчас Тимоша подбегает ко мне возбужденный и радостный:

— Вот как хорошо обошлось! Теперь уже тебе нечего бояться! Видать, Шестиглазому и самому стало стыдно, что он зря на тебя наклепал.

Он хлопает меня по плечу, и у меня сразу отлегает от сердца. В самом деле! Гроза миновала. Все мои тревоги рассеиваются, и я чувствую дьявольский голод. Вернее, только теперь замечаю, как сильно проголодался с утра. Ведь утром я не ел ничего, убежал спозаранку и не захватил с собою ни денег, ни завтрака.

Как раз в это время толпа гимназистов штурмует в коридоре покрытый грязноватою скатертью стол, на который навалена груда съестного: колбаса, ветчина, бутерброды. Попрошу Пушкина, чтобы продал мне в долг бублик «семитати» или французскую булку.

Пушкин смотрит на меня недоверчиво, но все же после небольших колебаний достает из корзины сморщенную вчерашнюю булку и безрадостно сует ее мне. Ой, какая маленькая! Мне бы таких пять или шесть!

— Пушкин, нельзя ли еще?

Но тут я слышу у себя за спиной:

— Па-азвольте! Па-азвольте! Па-дождите минутку!

Оглядываюсь — Прошка.

Желтые тараканьи усы. Помятое лицо. В голубых глазенках удовольствие.

— Что вы здесь делаете, уважаемый сэр?

Я растерянно гляжу на него и почему-то показываю ему французскую булку:

— Вот… Я купил… То есть не то что купил, но… Я завтра отдам… А сегодня…

— Здесь вам не булочная, уважаемый сэр, — говорит он громко, на всю залу. — Или вы не заметили — на дверях у нас вывесочка: «Посторонним вход строго воспрещается».

Гимназисты окружают нас молчаливой толпой. Их не меньше ста, а откуда-то мчатся еще и еще. Двое или трое — со скрипками: должно быть, у них только что кончилась музыка.

— Здесь вам не булочная, — повторяет Прошка язвительным голосом, глядя не на меня, а на публику. Он потирает руки, он выпятил грудь. Он похож на актера, который дорвался наконец до любимой выигрышной роли и собирается сыграть ее под аплодисменты восторженных зрителей.

— Прохор Евгеньич, — лепечу я бессвязно, — я ни в чем... Спросите у Козельского... у Зюзи. Зюзя, отчего ты молчишь? Ведь ты знаешь, что я даже не видел твоего дневника. Честное слово, не видел. Все мои товарищи скажут. Вот и Тюнтин... спросите у Тюнтина.

— Нет-с! Извините! Ваши товарищи — вон они!

И Прошка указывает рукою в окно. Там на панели под мартовским солнцем, у железной решетки монастырского сада сгрудились оборванные бездомные дети, которых в нашем городе называют «босявками».

— Не прикажете ли пригласить этих джентльменов сюда? — спрашивает Прошка насмешливым голосом. — «Садитесь, дорогие, за парты, мы научим вас алгебре, химии, всем языкам».

Это любимая Прошкина тема. В течение многих лет он не раз повторял, что гимназии существуют для избранных.

Сегодня он говорит об этом особенно красноречиво и долго. И тут только я замечаю, что справа, у двери в «рыдальню», тихо стоит Шестиглазый и, зажмурившись, кивает головою.

Прошка — его обезьяна: подражает ему во всех своих жестах и произносит такие же цветистые речи. И даже щурится близоруко, совсем как Бургмейстер, хотя зрение у него очень хорошее.

Я слушаю его как в тумане. Прямо против меня стоит взволнованный, бледный Тимоша, и в его зеленых глазах —

пламенная ненависть к Прохору. Щеки его дергаются в судороге, губы непрерывно шевелятся. Он силится что-то сказать, но не может, потому что он заика; при малейшем душевном волнении у него отнимается язык, и он только мычит от натуги.

Тут же стоит Людвиг Мейер, восьмиклассник, и смотрит на меня с явным сочувствием.

— Будьте же любезны удалиться! — обращается ко мне Прошка с преувеличенной вежливостью. — И как это он ловко прокрался сюда! — говорит он совсем другим голосом, обращаясь к молодому служителю Косте. — «Я, Прохор Евгеньич, за булочкой!»

— Да он тут с утра! — кричит Тюнтин.

— С утра?.. Угу-гу! Ты, Костя, гляди и помни: чуть увидишь этого синьора — ни в парадный, ни в черный. В прихожую — и то воспрещается... По-жалуйте, молодой человек!

— Прохор Евгеньич! — кричит издали Муня Блохин, протискиваясь к нему сквозь толпу. — Прохор Евгеньич, вы, должно быть, не знаете... Я сейчас вам скажу...

Прошка глядит на Блохина тем зловещим и многозначительным взглядом, каким обычно глядит Шестиглазый на самых закоренелых «рыдальцев», и, не ответив ни слова, обращается ко мне с той же насмешливой вежливостью:

— Берите, молодой человек, ваши вещи, если они у вас есть, и пожалуйте за мной... Вот сюда-с!

Он показывает мне дорогу — «направо-с», «налево-с», как будто я здесь никогда не бывал, и ведет меня к выходу, как полицейский своего арестанта: он — впереди, сбоку — Костя.

— Погодите, пожалуйста! — кричит Муня Блохин, затертый толпой первоклассников, хлынувшей из нижних коридоров.

Я иду, опустив глаза. Почему-то мне так стыдно перед идущими вслед за мною товарищами, словно я пойманный вор.

Наконец Муне удается протискаться к Прохору.

— Прохор Евгеньич, его только на две недели... Только до

50

постановления совета. Я слышал. Мне сказали… Вы, должно быть, не знаете…

— Совет уже заседал вчера вечером. Экстренно. И постановил: исключить. Его и еще двоих.

Услышав эти страшные слова, я не грохнулся на пол, не завопил, но заплакал. Для нового горя во мне уже как будто нет места.

Тимоша что-то говорит мне, но что — я не понимаю, не слышу. Я как будто онемел и оглох.

Мы начинаем спускаться в шинельную. Здесь я знаю каждую ступеньку, каждое пятно на стене. Какими испуганно круглыми, большими глазами глядят на меня первоклассники, девятилетние мальчики, толпящиеся внизу, в вестибюле! Должно быть, им кажется, что я самый настоящий разбойник, который, если вырвется, наделает бед.

Сгорбленный и несчастный, я спускаюсь по лестнице.

В шинельной я вижу Мелетия. Он стоит перед зеркалом и, прищурив глаза, старательно приглаживает маленькой щеточкой свои жидкие белесые брови. Я кланяюсь ему в зеркало, по старой привычке. Он смотрит на меня, как на забор или дерево.

Прошка звонко кричит Моисеичу:

— Подайте молодому человеку фуражечку!

Подавать гимназистам фуражки — такого обычая у нас не бывало.

Я хочу шагнуть к своей вешалке (знакомая вешалка — номер одиннадцатый, первая слева), но Прошка удерживает меня за плечо:

— Не трудитесь, пожалуйста. Вам сейчас подадут.

И, перехватив мою фуражку — недавно купленную, с белыми кантиками, — он делает ужасную вещь: выламывает из нее мой гимназический герб и отдает ее мне — без герба! В отчаянии я выбегаю в этой опозоренной фуражке на улицу, а губы мои сами собой повторяют:

— Хатанга, Ангара, Индигирка, Лена, Анадырь, Колыма…

ГЛАВА ДЕСЯТАЯ

БИТВА И ПОБЕДА

Герб у меня на фуражке был такой: два дубовых листочка, между ними две буквы и цифра — название нашей гимназии.

Был он сделан из белого металла «фраже» и потому назывался серебряным.

Цена гербу — тридцать копеек, но мама готова отдать за него несколько лет своей жизни, лишь бы он блестел у меня на фуражке.

Мама знает, что тот, у кого на фуражке есть герб, может сделаться важным адвокатом, или доктором, или знаменитым профессором. А тот, у кого на фуражке нет этих белых дубовых листочков, может во всякое время пойти в босяки и сгинуть в морозную ночь под эстакадой в порту.

Конечно, хорошо было бы стать матросом Добровольного флота или кузнецом вроде Васьки Печенкина, но для этого нужна богатырская сила, — вон какие у Васьки Печенкина могучие мускулы! Я как раз подхожу к его кузнице на углу Канатной и Базарной и останавливаюсь под проржавленной вывеской, на которой намалеваны большая подкова и маленькая красная двуногая лошадь. Он гол до пояса и черен, как негр. Тело его лоснится от пота. Одною рукою поднимает он молот, какого я не подниму и двумя, и, будто балуясь, бьет молотом по раскаленной болванке, которую вертит щипцами, как легкую трость. И кажется, что вся его цель — выбить оттуда возможно больше взлетающих красными фонтанами искр. Нет, я слаб и неловок, не гожусь в кузнецы.

— Хатанга, Ангара, Индигирка… — продолжают повторять мои губы.

Вот и дом Макри, вот и наша помойная яма, прикрытая железным листом.

Страшно воротиться домой без герба! Но — счастье! — мамы нет дома. Мама и дядя Фома ушли на кладбище, на могилу моей тетки Елены, которой я никогда не видал; она умерла от холеры. А кладбище далеко, за вокзалом, за Чумкой. Вернутся они часам к десяти, даже позже. Значит, мама и сегодня не узнает о нашей беде. Я расскажу ей обо всем завтра вечером, когда уедет дядя Фома. Или лучше послезавтра утром, в понедельник. А послезавтра — это так далеко, впереди еще тридцать семь или тридцать восемь часов! Мало ли что может случиться за эти тридцать восемь часов!

Конечно, я хорошо понимаю: радость моя безумна и надеяться не на что. Я знаю: тридцать восемь часов — ужасно короткое время, которое пролетит как минута. И все же мне очень приятно, что в квартире одна Маруся.

Охваченный легкомысленной радостью, я выбегаю во двор и, добежав до ворот, взбираюсь по канату на горище, где среди всякого хлама есть у меня небольшой закуток, носящий индейское имя «Вигвам». Кроме Тимоши, об этом «Вигваме» не знает ни один человек, вход в него забаррикадирован пустыми бочонками с надписью «Портландский цемент», и нам приходится под самым потолком протискиваться в него, как в, ущелье. В «Вигваме» у меня очень чисто, уютно и тихо. Пол вымыт (по-маминому) мочалкой и мылом — легко ли было протискивать сюда ведра с водой! — стены оклеены страницами журнала «Будильник», который подарил мне усач Симоненко. На полу — охапка прошлогоднего колкого сена, все еще пахнущего ромашкой, полынью и мятой. На стенах развешано мое боевое оружие: рогатка, стреляющая на тридцать шагов, и полукруглый железный, ярко размалеванный щит, сделанный дядей Фомой.

Здесь, в «Вигваме», прошедшим летом я сочинил свою «Гимназиаду», поэму о разных событиях нашей гимназической жизни. Поэма написана в трехкопеечной школьной тетради, а тетрадь засунута за потолочную балку — там ее никому не найти.

Чтобы добраться до потолка, нужно стать на бочонок, а бочонок ветхий и шаткий. Но все же я вскарабкиваюсь на него кое-как и сую за балку еще одну вещь — мою бедную, опозоренную Прошкиными руками фуражку — фуражку, из которой выломан герб.

Мне сразу становится легче, и я спешу воротиться домой.

Маруся, сгорбившись, сидит на диване. Глаза ее вонзились в библиотечную книгу. Книга называется так: «О чем щебетала ласточка». Маруся читает ее чуть не двенадцатый раз.

— Возьми из духовки мамалыгу и рыбу и, пожалуйста, не мешай мне читать, — говорит она, не отрываясь от «Ласточки». Голос у нее сухой и отчетливый, будто она диктует диктант.

Маруся строгая, всегда занятая, разговаривает со мной свысока. Она считает меня легкомысленным лодырем. Я боюсь ее больше, чем маму. Она первая ученица в гимназии и уже зарабатывает ежемесячно четыре рубля, так как дает уроки племяннице мадам Шершеневич. Все хвалят Марусю за то, что она такая серьезная, и попрекают меня, зачем я не похож на Марусю. Одна только мама относится ко мне снисходительно. Маруся чувствует это, и для нее это большая обида.

Мне очень хочется быть таким же серьезным, как Маруся, но у меня ничего не выходит. Несколько раз она пробовала воспитывать меня на свой лад и в конце концов махнула рукой. Года три назад она сказала мне каким-то неожиданным, мальчишеским голосом:

— Хочешь играть в путешествия?

Я ответил:

— Еще бы!

Потому что я жаждал кораблекрушений и подвигов. Но она взяла пять узеньких листочков бумаги, написала на них старательным почерком «Азия», «Африка», «Европа», «Америка», «Австралия» и приколола их булавками в разных концах нашего большого двора. Кухня для биндюжников оказалась Америкой, крыльцо усача Симоненко — Европой. Мы взяли длинные палки и пошли из Азии в Америку. Чуть только мы очутились в Америке, Маруся нахмурила лоб и сказала:

— В Америке главные реки такие-то, главные горы такие-то, главные страны такие-то, климат такой-то, растения такие-то.

А потом сказала:

— Повтори.

Я вместо ответа заплакал. Лучше бы она побила меня! Путешествовать — значило для меня мчаться по прериям, умирать от желтой лихорадки, выкапывать древние клады, спасать прекрасных индианок от кровожадных акул, убивать бумерангами людоедов и тигров, и вдруг вместо этого меня ведут от бумажки к бумажке и заставляют, как в классе, зубрить какие-то десятки названий! Марусе эта игра была по сердцу — полезная игра, поучительная. Я убежал от нее со слезами, чуть только мы дошли до Европы, и спрятался в «Вигваме» на весь день. С тех пор Маруся окончательно убедилась, что я легкомысленный лодырь, и говорит со мною, как с жалким ничтожеством.

Когда я кончил обед и вымыл посуду, она позвала меня и негромко сказала:

— На твоем месте я принесла бы воды, потому что обе бочки абсолютно пустые!

Она любит слово «абсолютно» и другие книжные слова, каких кругом никто но говорит: «с точки зрения», «интеллект», «индивидуум».

— Есть! — говорю я со смехом и сам удивляюсь: откуда у меня этот смех? Будто и не было со мною несчастья!

Я беру зеленое ведро и быстро выбегаю на улицу.

Кран — в доме Петрококино, на далеких задворках, где тоже волы, биндюги и биндюжники. Биндюги — это особые телеги, длинные и очень тяжелые. В каждую такую телегу впрягается пара волов, и рано-рано, еще до рассвета, два-три десятка телег медленно тянутся в гавань — выгружать и нагружать пароходы. Рядом с волами шагают биндюжники — могуче сложенные, загорелые люди в изодранных линялых рубахах. Весь день под жестоким солнцем они бегают по сходням с семипудовыми мешками коринки, ванили, канифоли, зернового зеленого кофе, красного перца, винных ягод, маслин, миндаля. Запахами этих товаров они пропахли насквозь — запахами Турции, Греции, Малой Азии, Африки.

Биндюжники любят меня (хоть и зовут «гандрыбатым») и зачастую насыпают мне полную жменю[4] подсолнухов или сладких рожков.

Сегодня, впрочем, биндюжников нет. По случаю субботы они в бане. Через минуту я уже с полным ведром снова шагаю по Рыбной.

Возле дома Вагнера я останавливаюсь отдышаться, ставлю ведро на панель, хоть и знаю, что мне угрожает опасность, потому что дом Вагнера — особенный дом. В нем живут мои враги. Я никогда не решился бы пойти в этот дом, так как твердо уверен, что там выкололи бы мне глаза, вырвали бы язык, отрубили бы уши.

Дом набит озорными мальчишками, которые с самых древних времен ведут с нашим домом войну.

Их предводитель — кузнец и жестянщик Печенкин, и мы всех их называем «печенкинцами».

Когда кто-нибудь из нашего двора проходит мимо печенкинцев с ведром воды, они стараются плюнуть в ведро или набросать туда дряни.

Мы, жители дома Макри (они зовут нас «макрюхами»), тоже не даем им проходу и пытаемся напакостить как только можем. У младшего хозяйского сына Кириака (или Киры) Макри есть рогатка, и из нее он поражает печенкинцев, которые, проходя мимо нас, показывают нам язык или кукиш.

Я страстно ненавижу их всех и не поверил бы, если бы мне сказали в ту пору, что они такие же люди, как мы, жители дома Макри.

Особенно я ненавижу Фичаса, мальчишку лет четырнадцати, с длинной и узкой, как огурец, головой. Вот он притаился за уступом стены в воротах и подстерегает меня, выпятив рыхлое брюхо.

Я останавливаюсь в пяти шагах и жду, чтобы на улице показались прохожие, которые защитили бы меня от него. Но улица пуста. Я перехожу на другую сторону — туда, где

---

[4] Жменя (укр.) — горсть

казарма. Из окна казармы глядит на меня офицер, равнодушный, как чугунная тумба. Я бегу что есть силы. Но вода выплескивается из ведра, и нужно замедлить шаг. В руке у Фичаса кизяк — круглый, черный, засохший воловий навоз.

— Опа-па! — кричит Фичас, как краснокожий индеец, и скачет через улицу ко мне.

Я отбегаю к воротам казармы. Из ведра выплескивается еще больше воды. Я ставлю ведро у стены, Фичас снова кричит «опа-па» и с разбегу ударяет меня головою в живот. Я отлетаю к стене и с отчаянием вижу, как он дважды плюет в ведро и швыряет туда весь свой кизяк. Слюна у него белая, как лошадиная пена. Я взвизгиваю и хочу вцепиться в его щеки ногтями. Но он опять отбрасывает меня к той же стене и победоносно кричит:

— Опа-па!

Из окошка равнодушно глядит офицер.

И вдруг — о радость! — ко мне на помощь приходит могучий союзник; он выскакивает из казармы и налетает на врага, как паровоз.

Это солдатский козел Филимон, знаменитый на всю улицу забияка и пьяница.

Если люди ведут себя смирно, Филимон никогда не вмешивается в их разговоры, но стоит кому-нибудь затеять хотя бы легкую драку, Филимон из козла превращается в тигра: налетает с разбегу на одного из дерущихся и бьет его сзади под коленки (не рогами, а лбом) с такой бешеной силой и, главное, с такой неожиданностью, что несчастный падает в ту же секунду.

Пьянствует Филимон лишь по праздникам. Заметит, что биндюжники идут мимо казармы в кабак, увяжется за ними, и его не отогнать никакими дубинами. Биндюжники с удовольствием поят его водкой, а иногда макают в водку хлеб и кормят его этим проспиртованным хлебом, который он глотает с жадностью. Возвращаясь домой, он шатается из стороны в сторону, задевает за столбы, за фонари, как подгулявший биндюжник. И голова у него бессильно свисает к земле, и борода волочится по мостовой, как метла. Мальчишки из соседних домов дразнят его, тормошат, хватают за рога и толкают, но он не обороняется, он кроток и тих, как ягненок; добредет до казармы и сейчас же завалится спать на конюшне у ног полкового коня Черемиса.

К счастью, сегодня он трезвый, и Фичасу не будет пощады от ударов его крепкого лба. Фичас падает ничком на панель, а козел стоит над ним и трясет бородой, как Мелетий, и ехидно смеется:

«Мм-ме!»

Фичас пытается встать, но Филимон опять бодает его под коленки, и он опять растягивается во всю длину на панели.

Я счастлив. Я прыгаю вокруг как дикарь, а потом хватаю ведро и, закричав «опа-па» (это наш воинственный клич), с восторгом выливаю всю грязную воду на голову лежащего передо мною Фичаса.

Фичас фыркает, дергает ногами, захлебывается, потом поворачивает ко мне мокрое, красное, отчаянно злое лицо и, трусливо глядя на своего победителя, пытается встать в третий раз. Но я нахлобучиваю пустое ведро на его дурацкую длинную голову и барабаню что есть силы по ведру кулаками:

— Опа-па! Опа-па! Опа-па!

Фичас начинает реветь на всю улицу.

— Что ты делаешь, байструк! Оставь ребенка! — кричит мне из окна его мать.

Я еле удерживаюсь, чтобы не показать ей язык, хватаю ведро и бегу.

Победа наполняет меня торжеством. Стыдно сказать, но, когда в ту ночь я засыпаю на складной моей койке, так и не дождавшись возвращения мамы, я думаю не об ужасном несчастье, случившемся сегодня со мною, а только о победе над Фичасом. И о том, как я буду хвастать этой великой победой перед всеми мальчишками нашего дома. И о том, что сделать, чтобы завтра, в воскресенье, нам, макрюхам, разгромить печенкинцев в открытом бою и взять в плен их предводителя Ваську Печенкина.

Это давнишняя наша мечта — отомстить кузнецу за все обиды и злодейства.

Странное дело: мы пылко ненавидим его, но только по праздникам, а в будни мы готовы часами стоять неподвижно у порога его крохотной кузницы на углу Канатной и Базарной и с почтительным любопытством следить за всяким движением его проеденных копотью рук. Особенно интересно смотреть, как подковывает он лошадей или натягивает шины на колеса. В это время мы даже любим его. Но в праздники, когда, смыв с себя копоть, он припомадит волосы, наденет лимонного цвета рубаху и, набросив на широкие плечи голубой пиджачок, который называется «твинчик», выйдет за ворота погулять со своими печенкинцами, он сразу становится нашим врагом, точно это другой человек: прищуренные, узкие глазки, хитроватая кривая усмешка и зловещая молчаливость пирата. На нас, макрюх, он никогда не глядит, никогда не разговаривает с нами и от этого кажется нам еще страшнее. Печенкинцы — его верная армия.

В городе его считают юродивым, потому что он играет только в детские игры и водится только с мальчишками. Поглядели бы вы, как во время дождя он плещется в лужах босыми ногами, как он пускает в этих лужах кораблики, сделанные из папиросных коробок, как дразнит индюка, живущего во дворе у мадам Шершеневич!

Печенкинцы за него в огонь и в воду. Любят его больше, чем своих матерей и отцов. Фичасом называется самый воинственный из них, придурковатый Игнашка, потому что, когда его зовут домой пить чай или ужинать, он кричит в ответ не «сейчас», а «фичас». Любимое занятие Васьки Печенкина — пускание змея. Из этого мирного занятия он сделал себе разбойничий промысел. Когда его змей пущен в небо, Васька чувствует себя единственным хозяином неба, и перед ним наши бедные змеи все равно что воробьи перед коршуном.

Горе тому смельчаку, который решится запустить в то же самое время свой слабосильный змей. Змей Печенкина могуч и огромен. Он с размаху налетает на бедную жертву, и там, в высоте, закипает отчаянный бой, после которого змей смельчака, оторванный от своей тоненькой ниточки, падает широкими зигзагами вниз, а его бывший владелец с неистовым ревом бежит по ближайшим улицам, спасая уцелевшую нитку и даже не пытаясь добежать до своего побежденного змея, упавшего где-нибудь в парке или у самого моря.

Теперь, засыпая, я думаю о том, о чем думал уже тысячу раз: как было бы хорошо, если бы мне удалось (вместе с Ленькой Алигераки и Муней) соорудить такой сильный змей, который схватился бы в небе с врагом и победил бы его. Был бы у меня английский шпагат — ого-го, показал бы я Ваське Печенкину! С этой мечтой я заснул.

ГЛАВА ОДИННАДЦАТАЯ

«ПО-ХРИСТИАНСКИ, ПО-БРАТСКИ»

В воскресенье я просыпаюсь печальный. Великая победа над Фичасом кажется мне далеким, неинтересным событием. Зато до подробностей вспоминается вчерашняя катастрофа в гимназии. Вскакиваю с постели и мчусь, не умываясь, во двор, подальше от мамы, чтобы она по моему жалкому виду не догадалась о нашей беде. Под квартирой погреб. Я приподнимаю его тяжелую дверь.

— Куда? — кричит Маруся, не отрываясь от книги.

— К ежику.

Но ежика я даже но ищу. Я сейчас же забываю о нем, сажусь на поломанный ящик и начинаю стонать, как больной. Какое горе! Какое ужасное горе! Мне кажется, что нет на всей земле человека несчастнее меня, что никогда в жизни я уже не буду смеяться, что я с охотою сейчас же лег бы в гроб, лишь бы не испытывать такого мучения.

Этот гроб представляется мне с необыкновенной ясностью. Он стоит на коротеньких ножках в «гостиной», наискосок от окна, белый, с золотыми кистями, а кругом венки, и цветы, и атласные ленты. И на лентах надписи красивыми буквами:

«Незабвенному товарищу от пятиклассников Пятой гимназии».

«Безвременно погибшему брату».

«Лучшему другу от Риты Вадзинской».

Я лежу в гробу с замученным лицом, и все любовно глядят на меня.

«Отчего он умер?» — спрашивает Марусю мадам Шершеневич.

«Ах, — отвечает она, — он был такой гордый, такой благородный, а мы были абсолютно несправедливы к нему».

И она прижимает к глазам мокрый от слез платок. Только теперь ей становится ясно, какой у нее был замечательный брат.

Сзади всех, сгорбившись и приподняв воротники, точно воры, стоят Шестиглазый и Прошка. Носы у них разбухли от слез, щеки стали серыми, как глина, волосы всклокочены, губы дрожат.

«Они, они виновны в его смерти!» — грозно кричит, заикаясь, Тимоша.

Все с негодованием смотрят на них.

Они горбятся еще сильнее и глядят исподлобья. Глаза у них виновато испуганные, как у нашкодившей собаки, которую собираются бить.

«И я, и я повинен в его гибели!» — говорит с тоскою поп Мелетий, вырывая у себя из бороды целый клок.

Но кто это хнычет над моим изголовьем? Зюзя Козельский! Слезы льются ко мне в гроб и обильно поливают мои мертвые щеки.

«Меня, — всхлипывает он, — подучил Валька Тюнтин, а свалили все на него, на покойного… А он ни в чем, ни в чем не виноват!»

Зрелище собственной смерти доставляет мне большое удовольствие. Я мало-помалу успокаиваюсь.

«Еще не все потеряно! — говорю я себе. — Я пойду к Зюзе и к Тюнтину, пусть они сейчас же заявят Бургмейстеру, что меня исключили неправильно, что во всем виноваты они. Бургмейстер ошибается, Бургмейстер не знает, Бургмейстеру кажется, что на всю гимназию я самый большой негодяй. Но негодяи они, а не я, и нужно вывести их на чистую воду… Вот это будет здорово!» — говорю я себе.

Слезы мои мигом высыхают.

«Вот это будет здорово, честное слово!»

Я вскакиваю и начинаю шагать в темноте. Погреб заканчивается длинной пещерой, ведущей неизвестно куда. Пещера усеяна осколками угля, которые тускло блестят под ногами.

Как только Бургмейстер узнает, что ему нужно гневаться не на меня, а на Тюнтина, он пошлет ко мне красноносого Прошку, и Прошка, пьяненький, придет ко мне и скажет:

«Возвращайтесь, милорд, в гимназию… и позвольте мне на минуточку вашу фуражечку…»

И вденет в нее новый гимназический герб.

Мне становится так весело, будто все это произошло на самом деле. Я поднимаю с пола осколки угля и со всего размаху бросаю их в пещеру один за другим. Там что-то звякает: не то стекло, но то жесть. Где-то сзади, за ящиками, фыркает еж.

Да, я пойду к Тюнтину, к Зюзе Козельскому, я уговорю их сказать Шестиглазому правду, и тогда я снова гимназист! Приду и сяду на свою скамью, рядом с Зуевым, и буду учиться как черт. Они согласятся, еще бы! Ведь не захотят же они, чтобы я пропадал из-за них! Это будет чудесно, и мама ничего не узнает, и голова у нее не будет болеть! Я скажу ей как-нибудь утром за завтраком, месяца через два, уже во время каникул: «Знаешь, мама, меня по ошибке хотели исключить из гимназии. Но теперь эта ошибка исправлена. Я тогда не говорил тебе об этом, чтобы ты не волновалась понапрасну».

Сердце мое прыгает от радости. Я бросаю в пещеру целые пригоршни обломков угля.

Через минуту я выбегаю из погреба и по дороге к воротам что есть силы ударяю двумя каблуками по железному листу нашей ямы.

Лист звенит на весь двор.

— Куда ты? — кричит Маруся.

— Я недалеко. Я сейчас.

Скорее к Тюнтину, к Зюзе Козельскому! Мимо дома Вагнера мне не пройти: там меня подстерегают печенкинцы, жаждущие отомстить за Фичаса. Нужно пробираться обходными путями, по Старо-Портофранковской улице. Я бегу как на пожар, и мне кажется, что все мое спасение в том, чтобы добежать поскорее до Тюнтина.

Вот и его дом, трехэтажный, ярко-голубой, на Приморском бульваре.

Над воротами — новая, желтая, как цыпленок, табличка:

«Дом вдовы подполковника Аглаи Семеновны Тюнтиной».

Я взбегаю по каменной лестнице, только что окрашенной под мрамор, и дергаю за ручку колокольчика.

Тюнтин еще не вставал. Очень красивая горничная с надменным и печальным лицом, которое все перекошено флюсом, вводит меня в крохотную комнатку. Там в высокой клетке на медном кольце сидит невзрачный и плешивый попугай и глядит на меня со стариковским презрением. Через открытую балконную дверь видно далекое море.

Я нетерпеливо шагаю по комнатке взад и вперед, и меня окружают Тюнтины: Тюнтин на велосипеде, Тюнтин в матросском костюме, Тюнтин пятимесячным младенцем. Тюнтин верхом на пони, Тюнтин с матерью, Тюнтин с собакой — десятка два фотографических карточек, изображающих Тюнтина.

«Куда столько Тюнтиных!» — думаю я с удивлением.

Но тут вбегает низенькая женщина в красивом шелковом японском капоте, расшитом золотыми павлинами. Бровей у нее нет, все лицо в бородавках.

Это мать Тюнтина, хорошо известная всем гимназистам пылкой влюбленностью в сына. Она постоянно провожает его до самой гимназии и крестит и целует его на прощанье, так что прохожие смеются над нею, а Валентин угрюмо буркает ей злые слова и скорее убегает в подворотню. Ему совестно, что она его мать, что она такая толстая, что у нее бородавки, что она зовет его «беби» и «солнышко».

«Он у меня хрупкий!» — говорит она каждому, а он здоровый, сонный, тупой и надутый.

Самое имя его «Валентин» она произносит особенным голосом, на французский манер: «Валэнтэн».

— Валэнтэн еще спит. Я его не бужу. Пусть хоть в воскресенье подремлет. Он у меня такой неврастеник (она говорит «нэврастэник»).

В ее голосе слышится гордость. Как будто быть «нэврастэником» — большая заслуга.

Я хочу сказать ей, зачем я пришел, но она подбегает к висящим на стене фотографиям и подробно, как экскурсовод в музее, рассказывает о каждой из них:

— Вот это Валэнтэн в Ай-Тодоре, в Крыму, под своим

любимым кипарисом. Посмотрите, какой у него классический профиль. А это в ванночке, голенький, когда ему было одиннадцать месяцев. А это на елке у графа Капниста... А это отец Валэнтэна, мой муж, когда он был полицмейстером в Риге. Вылитый Тургенев, не правда ли?

Я мрачно молчу и жду, когда мадам Тюнтина хоть на секунду умолкнет, чтобы я мог сказать ей, зачем я пришел. Но она без всякой паузы спрашивает:

— А ваш отец... скажите... он тоже военный?

— Отца у меня нет, — говорю я краснея.

— То есть как это так: нет отца?

Я еще сильнее конфужусь и виновато молчу. Всякий раз, когда кто-нибудь спрашивает меня об отце, я испытываю отчаянный стыд.

— Где же ваш папа? Умер?

— Нет, он жив... Только мама... Только я... Я его ни разу не видел.

Она хмурит напудренный лоб, и глаза ее теряют свою сладость.

— То есть как это так: ни разу не видели?

Я беру со столика тяжелую чугунную пепельницу и в смущении верчу ее в руках.

— Так, так, так! — многозначительно говорит мадам Тюнтина и, взяв у меня из рук чугунную пепельницу, ставит ее со стуком обратно на стол. — Что же вам нужно от моего Валэнтэна?

— Видите ли, — говорю я, волнуясь, — Шестиглазый... то есть наш директор, ну, Бургмейстер... выгнал меня вчера из гимназии за то, что я будто бы подучил одного... вы его не знаете... Зюзю Козельского... подделать отметки и закопать свой дневник. А я тут ни при чем. Его подучил Валя Тюнтин... ваш сын... Валентин... Вот я и хочу, чтобы он завтра сказал Шестиглазому... то есть Бургмейстеру, что меня исключили неправильно...

Мадам Тюнтина вскакивает, словно ее укусила гадюка.

— Валэнтэн! — зовет она. — Валэнтэн! Валэнтэн!

Из всех моих слов она поняла лишь одно: что я угрожаю ее Валэнтэну каким-то несчастьем.

В дверях появляется Тюнтин, надутый и сонный. Его лицо выражает беспредельную скуку.

— Тюнтин! Тюнтин! — говорю я ему. — Твоя мама не знает, но ты ей скажи... Ты скажи Бургмейстеру и всем. Ведь я из-за тебя... Ведь это ты... Ведь не я же это сделал, а ты... А если ты не скажешь, Валя Тюнтин...

Он спокойно глядит на меня, как я размазываю по щекам свои слезы грязными от угля кулаками, бормочет мне невнятные слова и скучающей, неторопливой походкой уходит в соседнюю комнату. За ним семенит его мать. Из комнаты доносится ее взволнованный шепот.

Наконец оба возвращаются, и у обоих такие ласковые, добрые лица! Мадам Тюнтина порывисто подходит ко мне, согревая меня теплой улыбкой, и гладит меня по рукаву моей куртки.

— Перестаньте же... ну перестаньте же плакать... Ну перестаньте же... ну не надо, ну не надо, пожалуйста! Все будет хорошо... Вы увидите...

Я смотрю на нее, и в душе у меня снова загорается надежда.

— О, Валэнтэн... Вы его не знаете... он такой... как это говорится... отзывчивый... И вот мы решили по-христиански, по-братски...

И внезапно, разжав мой кулак, она сует туда скомканную пачку бумажек. По всем ее бородавкам разливается нежность.

Я оторопело гляжу на бумажки. Это пятирублевки. Их семь или восемь.

— Бери, бери, пригодятся! — покровительственно говорит Валентин, чувствуя себя моим благодетелем.

— Как пригодятся? Куда?

— Видите ли, мой дорогой, — медовым голосом лепечет мадам Тюнтина, — у вас начинается новая жизнь. Теперь, когда вы ушли из гимназии...

— То есть как это — ушел из гимназии! Ведь, если Тюнтин, если Валентин, если он... мой товарищ...

— Товарищ? — широко улыбается Тюнтина. — Извините, но какой же вы товарищ моему Валэнтэну? Он будет великобританским послом, вы увидите... У него такие связи, такие возможности! А ваша мамаша — мне сейчас говорил Валэнтэн — стирает сорочки мадам Шершеневич...

Меня охватывает бешенство. Мне хочется ударом ноги опрокинуть на нее мраморный столик, так, чтобы она отлетела к самой дальней стене, и больно отхлестать Валентина по его сонным щекам.

В ожидании пощечины он прикрывает свой «классический профиль» руками. Мадам Тюнтина бросается ко мне, чтобы защитить своего Валэнтэна, но я отталкиваю его и ее и, кинув комок пятирублевок в попугайную клетку, выбегаю из комнаты, не переставая твердить:

— Ах ты мурло! Ах ты мурло, ах ты мурло тупорылое!

ГЛАВА ДВЕНАДЦАТАЯ
ИЗ ДОМА В ДОМ

«Еще но все потеряно. К Козельскому!» — говорю я себе, но куда девалась моя недавняя бодрость! Согнувшись в три погибели, еле передвигая ногами, я безнадежно бреду к Воронцовскому саду.

Козельские живут в двух шагах от своего ресторана. Их окна выходят во двор. Двор старинный: тихий и тенистый, вымощен плитами лавы. Во дворе — тополя и фонтан: статуя голого мальчика с лебедем. Перед окнами — небольшой палисадник. В палисаднике среди стриженых лавровых кустов весело толпится народ и заглядывает в комнаты, будто там свадьба.

Я подхожу к окну, и первое, что я вижу — глаза. Выпученные, налитые кровью. Страшные глаза, словно два револьвера. Глаза направлены на Зюзю Козельского, который скрючился за спинкой большого дивана, отодвинутого наискось от стены. Зюзиного лица мне не видно, но даже его затылок выражает испуг. Глаза принадлежат его отцу, Сигизмунду Козельскому. Это приземистый гном, лысый, багровый, без шеи.

Вся мебель сдвинута с места, перевернута, как во время землетрясения. Можно в первую минуту подумать, что у отца с сыном происходит игра: отец гоняется за сыном по комнатам, а тот, убегая, подставляет ему в шутку то столик, то ширму, то этажерку, то стул. Издали это могло бы показаться цирковым представлением, если бы отец не был так разъярен, а сын не был так ужасно испуган. Теперь их обоих разделяет последняя баррикада: диван. Всякий раз, когда отец хочет обойти ее справа, сын, не спуская с него настороженных глаз, ускользает вдоль дивана влево. Стоит отцу ринуться влево, сын оказывается на правом конце. Это повторяется раз двадцать подряд в глубоком молчании.

— От хороба! Не хочет уважить отцу! — негодуют в толпе на Зюзю.

Отец всем своим туловищем — плечами и грудью — налегает на спинку дивана, диван надвигается прямо на Зюзю и гонит его в угол. Зюзя пятится и попадает в западню. Он пробует прошмыгнуть под диваном, но отец хватает его за штаны и выволакивает на середину комнаты, как тряпичную куклу. Мне становится страшно, и я закрываю глаза. Толпа еще теснее придвигается к окнам. Я убегаю в подворотню и вижу белобородого дворника, который сидит на завалинке и ласково гладит большого кота, мурлыкающего у него на коленях.

Я очень застенчив: боюсь заговаривать с дворниками. Дворники, почтальоны, швейцары, городовые и даже кондуктора конки кажутся мне вроде начальства и внушают мне непобедимую робость. Но этот дворник с такой нежностью гладит кота, что я осмеливаюсь попросить его, чтобы он поскорее пошел за полицией.

— Тут полиции не требуется, — возражает он ласковым голосом. — Батько лупцуе дытыну, щоб була розумнийше. Какая ж тут полиция? На то он и батько.

Глаза у старика безмятежные. Кот сладко мурлычет у него под рукой.

Я медленно выхожу на Соборную площадь. Мне жалко Зюзю, но еще больше мне жалко себя. Значит, мое дело пропащее. Не пойдет Зюзя завтра к директору и не скажет ему правды о Тюнтине. Теперь он запуган до смерти, теперь от него уже ничего не добьешься: три дня он будет плакать и дрожать по-собачьи. Что же мне делать? Куда мне идти? С кем посоветоваться? Бедная моя мама! А эта мадам Тюнтина в павлиньем капоте... Какие противные у нее бородавки!

Часы на соборе показывают без четверти час. Значит, мне осталось всего семнадцать часов. Что же можно сделать за семнадцать часов?

И вдруг передо мной возникает встревоженная физиономия Тимоши. С какой ненавистью глядел он вчера на смеющегося Прохора Евгеньича, когда тот выламывал у меня из фуражки мой герб! Ведь мы с первого класса друзья-неразлучники. Сколько раз он бледнел от волнения, когда меня вызывали к доске, и весь расцветал тихой радостью, если меня хвалили за удачный ответ!

И как это я мог позабыть о Тимоше! Нужно было пойти к нему раньше всего, а потом уже к Зюзе и к Тюнтину. Пусть он бессилен помочь, но я знаю, он разделит со мной мое горе и мне станет легче, еще бы! Вчера он что-то говорил мне там, в гимназии, но я не разобрал его слов. Может быть, он звал меня к себе? И тут только я вспоминаю, что поп Мелетий и Тимошин отец — земляки, оба северяне, из Архангельска, и начинаю серьезнейшим образом верить, что, если Тимошин отец замолвит обо мне доброе слово Мелетию, Мелетий пожалеет меня, и я — опять на гимназической парте!

Тимоша живет у моря, возле самой таможни. Идти к нему по переулкам и улицам долго. Но существует другая дорога — глинистый, очень крутой, заросший бурьяном откос. Добираюсь через парк до откоса и скатываюсь с него (кое-где кувырком) чуть не к самому зданию таможни.

Должно быть, недавно шел дождь, но я не заметил его. Вот и море, полосатое от пены. С моря сразу ударяет в меня свистящий и режущий ветер.

Дом, в котором живет Тимоша, больше похож на пароход, чем на дом. Узкий и длинный, с высокой «кормой», он вдается своим корпусом в море, и кажется, вот-вот поплывет. У него есть и палуба — широкий балкон, окружающий весь его корпус. Всегда над ним носятся чайки и хлопает невидимый флаг. Сейчас дом сотрясается от прибоя и ветра.

Дверь не заперта. Я спускаюсь в кухню по лестнице, похожей на трап корабля. На кухне обычно хозяйничает тетка Тимоши, вся в кудряшках, в скрипучем корсете, с таким выражением лица, словно только что хлебнула стакан уксуса. Но теперь — это так неожиданно! — кухня встречает меня шумом и смехом. На кухне две девочки — Лека Курындина и сестра Тимоши, «разноцветная» Лиза. Разноцветной ее зовут потому, что у нее в золотистых кудрях растет возле самого лба темная каштановая прядь. В руках у них белые туфли, которые они натирают зубным порошком. Тут же на столе горит лампа. В лампу вставлены щипцы для завивки. Щипцы, очевидно, уже были пущены в ход, так как в кухне чувствуется запах спаленных волос.

Девочки мгновенно тушат лампу и с визгом уносят куда-то щипцы.

— Где Тимоша? — спрашиваю я.

— Ушел, — отвечает Лиза сквозь зубы, так как во рту у нее несколько шпилек, при помощи которых она пытается справиться с пышными локонами.

Оказывается, и тетка, и Тимошин отец уехали куда-то на хутор, и, пользуясь отсутствием взрослых, девочки похитили у тетки щипцы для завивки, пудру, помаду, румяна, духи и с самого утра завиваются, румянятся, пудрятся, хотя обе даже чересчур краснощеки и волосы у обеих кудрявые без всякой завивки.

Весь этот маскарад доставляет им величайшую радость, они поминутно шушукаются, взвизгивают и прыскают со смеху. Мне всегда было ужасно любопытно, о чем эти девчонки постоянно шушукаются и над чем они только смеются. Но теперь мне даже трудно понять, как это люди могут веселиться и радоваться, если у меня такое тяжелое горе.

— Где Тимоша? — спрашиваю я.

— Не знаю! Ушел, кажется, к Финти-Монти, — отвечает небрежно Лиза. Потом вглядывается в меня и снова разражается смехом: — Где это ты так перепачкался? Как это тебя угораздило?

Тут только я замечаю, что и моя куртка, и брюки густо измазаны глиной.

— Как же я выйду на улицу?

Лиза смеется и ведет меня к зеркалу в комнату тетки:

— Погляди, какое ты страшидло!

С отчаянием я гляжу на свой грязный костюм, весь в пятнах коричневой глины.

— Как же я выйду на улицу? — повторяю я с горьким отчаянием.

Девочки тащат меня обратно на кухню, вооружаются двумя колючими мокрыми щетками и начинают счищать с меня глину в четыре руки.

Покуда они теребят, тормошат и терзают меня, я неотступно думаю о том, как бы мне повидаться с Тимошей. Я знаю: он пошел к Финти-Монти, чтобы поговорить обо мне, рассказать ему о моих злоключениях и посоветоваться с ним, что мне делать!..

Почему же он до сих пор не вернулся домой?

Вдруг вверху раздается звонок.

— Ой, это Тимошка! — кричит Лиза и мигом взвивается по лестнице вверх, путаясь в теткиной юбке…

Она веселая, озорная, насмешливая; отлично гребет, купается в любую погоду, заплывает в море дальше всех.

Лека, над которой она деспотически властвует, гораздо добрее ее и относится ко мне с материнским участием.

— Что это ты сегодня какой-то несчастный? — спрашивает она, когда мы остаемся вдвоем. — И боже, какой растрепанный! Дай-ка вон тот гребешок, я тебя сейчас причешу…

Тут вбегает Лиза и сразу хватает какую-то теткину склянку:

— Постой! Мы подрумяним его!

Но, заметив, что мне не до смеха, говорит потускневшим голосом:

— Тимоша тоже невеселый сегодня. Даже умываться не стал. Выпил чаю и убежал со двора.

— А кто это звонил? Не Тимоша?

— Нет, это так… Это Рита…

Рита Вадзинская! Кровь ударяет мне в щеки, руки начинают дрожать, и я, словно спасаясь от пожара, убегаю в кухонную дверь. Девочки смеются мне вслед: они давно уже знают о моей дикой влюбленности в Риту…

Не помню, как добрался я до того небольшого домишка, где проживает Иван Митрофаныч.

Но и здесь меня ждет неудача! На двери — замок, на обоих окнах — глухие ставни. Под мокрой акацией сидит Людвиг Мейер и читает какую-то книгу близорукими немецкими голубыми глазами. Я всегда робею перед ним: он такой ученый и важный.

Подождав, когда Мейер дочитает главу, я спрашиваю, не приходил ли к Ивану Митрофанычу Тимоша Макаров из пятого класса… Тимоша Макаров, вот с такими ушами… Но Мейер не слышит и но замечает меня: он все еще во власти прочитанной книги.

Дальше спрашивать его все равно бесполезно, и я тихо ухожу от него.

Дождь начинает накрапывать снова.

ГЛАВА ТРИНАДЦАТАЯ

ПРЕМУДРЫЙ СОВЕТ

Меня окружают неизвестные улицы. Я иду, сам не знаю куда. А потом сажусь на ступеньку у каких-то дверей, закрываю глаза и прислоняюсь головою к перилам. Как в тумане, проплывают передо мною мутно-лиловые тени, и каждая тень — Тюнтин: Тюнтин на велосипеде, Тюнтин верхом на пони, Тюнтин в матросском костюме, Тюнтин пятимесячным младенцем, Тюнтин в черкесской папахе, — все Тюнтины, каких я видел сегодня на фотографических карточках. А потом они сразу исчезают, и я теряю сознание.

В детстве это случалось со мною нередко. Однажды, когда мама вынимала иголкой у меня из ладони занозу, я «сомлел» у нее на руках. В другой раз, после долгого морского купанья, я пролежал в беспамятстве на раскаленном берегу около четверти часа, и у меня украли незабвенное жестяное ведерко, по которому я потом тосковал много дней.

Очнулся я среди каких-то птиц. Птицы стояли рядами на полках. Крохотные страусы, не больше мизинца, маленькие журавли без носов, круглоголовые филины.

— А это что за птицы… с такими хвостами?

— Это — ибисы, священные, египетские.

Голос был незнакомый, необыкновенно приятный. Я услышал его и опять задремал. Когда я проснулся, в комнате шел разговор.

— Как же вам не стыдно, папаша! — говорил тот же голос. — Фуй! Это прямо стыд! Ведь вы уже получили четыре куска.

В ответ послышалось виноватое шамканье.

— Фуй, какой стыд! Что сказала бы покойная мамаша? Фуй! Фуй! Мне так стыдно, так стыдно за вас!

Я приоткрыл глаза и увидел древнего старика без бороды и усов, в зеленом колпаке с черной кисточкой. Нос у него был длинный и острый. На кончике этого носа понемногу скоплялась светлая, чистая, прозрачная капля и падала старику на колени. Еще… Еще… Я долго следил за этими ясными каплями, и на душе у меня сделалось очень спокойно.

— Он проснулся! — произнес тот же голос, который только что журил старика. — Сестрица Франциска, готово ли?

Тут я почуял упоительный запах фасоли. Запах был такой же приветливый, как и все в этой комнате. Я вдохнул его полною грудью и, приподнявшись на диване, увидел двух очень румяных старушек, тоненьких и маленьких, как десятилетние девочки. Словно кто насыпал им на голову снегу — такие были у них белые волосы.

Где я? Куда я попал?

Заметив, что я не сплю, одна из них подала мне дымящуюся миску похлебки и черствую горбушку сероватого хлеба. Живо расправившись с этой едой, я увидел на дне миски картинку: три пуделя с разноцветными бантами сидят и ухмыляются, как люди, а один из них даже подмигивает, будто знает обо мне что-то смешное.

Вообще обитатели комнаты, очевидно, любят картинки до страсти: даже на одеяле, которым они прикрыли меня, вышиты звезды и бабочки. Стены сверху донизу покрывают разноцветные коврики с вышитыми тиграми, рыцарями, цветами, якорями и радугами. На диване выстроились по росту подушки всевозможных размеров и цветов, и каждая представляет собою картинку: на одной — розы, на другой — те же самые пудели, которых я только что видел на дне моей миски, на третьей — Робинзон Крузо с длинной бородой и под зонтиком.

Я оглядываю эту веселую комнату. Комната как будто говорит: «Какой вздор, что на свете бывают несчастья! На свете есть только мягкие коврики, да тиканье часов, да разноцветные картинки, да подушки».

— Сестрица Мальвина, дайте мне, пожалуйста, коробочку спичек!

Коробочка оказалась в футляре из темно-синего бисера, а когда сестрица Франциска, взобравшись на стул, зажгла большую висячую лампу, на стеклянном абажуре этой лампы сейчас же заплясали силуэты китайчат и китайцев.

Одна из этих старух была прыткая, быстрая, говорливая, с молодыми движениями, а другая — солиднее, старше, в очках.

Родом (как я узнал впоследствии) они были из Эльзас-Лотарингии: мамзель Франциска и мамзель Мальвина. В нашем городе они жили чуть не с самого детства и вполне правильно говорили по-русски, с очень приятным иностранным акцентом. Только вместо «будто бы» говорили «будбето».

— Мы смотрим в окошко, а там будбето кто-то лежит. «Ай, — говорю я сестрице Франциске, — он уже будбето мертвый».

Их папа, м-сье Рикке, был когда-то учителем танцев, но теперь ему девяносто шесть лет, и он издавна сидит в своем кресле под теплым пледом, на котором вышита черная летучая мышь на фоне огромной луны. Он уже оглох, плохо видит, он даже охладел к табаку, который охотно нюхал еще два года назад. Целыми днями не произносит ни слова. Но есть в этой жизни одно, что по-прежнему ему любо и дорого: сахар. И, так как ему мало кусков, которые выдают дочери, он ворует у них сахар при всякой возможности. И, так как это доставляет ему удовольствие, дочери нарочно ставят сахарницу у него под рукой, чтобы ему было удобнее воровать. Уморительно было смотреть, как он, озираясь по сторонам, точно взаправдашний вор, протягивает руку за добычей, которую они сами подставляют ему. Воображая, будто он совершил необыкновенно ловкую кражу, он радуется, точно младенец. Кусок сахару, который он в ту же секунду кладет себе в рот и начинает со смаком сосать, кажется ему вдвое вкуснее, оттого что он считает этот кусок уворованным. Особенно он бывает доволен, если ему говорят: «Фуй, папаша, как же вам не стыдно!»

Тогда ему мерещится, что он в самом деле ужасный хитрец и пройдоха. Это льстит ему, и он самодовольно хмыкает.

Рассказывая мне об этих причудах отца, сестры в то же время беспрестанно работают: перед ними на столе навалены грудами лоскутки всевозможных материй, они быстро сшивают их разноцветными нитками, отчего получается узорчатая красно-сине-зеленая скатерть. Мне кажется, что я век пролежал бы вот так на диване и смотрел бы, как мелькают их быстрые руки. Они рассказывают мне (впрочем, рассказывает одна лишь Франциска, а Мальвина только сочувственно шевелит бровями), что они обе преподают в разных школах рукоделье и музыку и, кроме того, делают из гаруса птиц для продажи.

— Вот посмотрите! — говорит Франциска, берет ножницы и игральную карту, складывает ее вчетверо, вырезает из нее кружок вроде бублика, обматывает его гарусом ярко-желтого цвета, позвякивает вокруг него ножницами — и получается пушистый цыпленок, будто сейчас из яйца.

— Жалко, нет воска для клюва. Вон сколько у нас журавлей без носов! — говорит, печально вздыхая, Франциска. — Воск ужасно вздорожал!

— Ужасно! — вздыхает Мальвина. — А этот негодный Субоцкий…

Субоцкого я знаю. Он живет у нас во дворе и держит писчебумажную лавчонку наискосок от женской гимназии Кроль. Маленький и юркий, как чиж, он сладко улыбается желторотым своим покупательницам, гладит их по головам, зовет «деточками».

— Вот тебе, деточка, промокашечка с ленточкой.

Но при всем при том он отъявленный плут. По словам Франциски и Мальвины, он скупает у них за бесценок их филинов, страусов, цыплят, журавлей и продает в магазины, наживая огромный барыш. За каждого цыпленка он платит им всего только десять копеек, а получает за каждого полтинник. Магазины же продают этих цыплят по рублю, потому что цыплята Субоцкого славятся своей красотой. Они так и называются: «Цыплята Субоцкого». Их покупают нарасхват, особенно к пасхе и к елке. Между тем материал для приготовления птиц стоит так дорого, что за работу обеим сестрам остается не больше двух с половиной копеек с цыпленка.

— Я достану вам воску! — говорю я, обрадовавшись, что могу угодить им. — Я скажу дяде Фоме, он привезет из деревни. Воску у него целый пуд… он мне сам говорил. У него в деревне мед и пчелы.

И я рассказываю им про дядю Фому. А потом про маму, про Бургмейстера, про свалившееся на меня горе. Они слушают, кивают головой, и вдруг Мальвина говорит повелительно:

— Вы должны сейчас же пойти и рассказать вашей мамаше всю правду. Ей будет больно? Пускай. Лучше боль, чем неправда. Лучше даже смерть, чем неправда. Подите расскажите своей маме всю правду, и вы увидите: все будет хорошо.

Я смутился. Я был не в силах понять, почему же, в таком случае, они обманывают своего отца насчет сахара, но, чуть только я заикнулся об этом, Франциска перебила меня:

— О, папаша другое дело! Наш папаша сделался будбето двухлетний малюточка.

Я вскочил на ноги:

— Хорошо, я пойду и скажу.

— И передайте вашей маме от нас — от Франциски и Мальвины — любовь. И, если можно, вот это.

И она схватила с полки красногрудого дятла, сунула его в бумажный мешочек (мешочек был тоже с картинкой) и подала мне.

Я горячо поблагодарил и ее и Мальвину и словно на крыльях помчался домой. Тут только я понял, как тяжело мне было столько времени скрывать от мамы правду.

Но зачем они дали мне этого дятла? Разве может дятел обрадовать маму теперь, когда я буду рассказывать ей о случившемся с нами несчастье?

ГЛАВА ЧЕТЫРНАДЦАТАЯ

ПЕРЕДЫШКА

Пока я отдыхал у моих новых друзей, дождь прошел. Небо стало огненно-красным. Лужи казались налитыми кровью.

Мне так хочется рассказать маме о Зюзе, о Тюнтине, о гербе, о Шестиглазом, о Прошке, обо всем, что произошло в эти дни, даже о Фичасе, даже о козле Филимоне, что я готов заплакать от досады, увидев, что в комнате одна лишь Маруся.

Мамы нет ни на кухне, ни в погребе. Еще так недавно я избегал ее, прятался от нее, а теперь, кажется, отдал бы все на свете, чтобы прижать к ее шершавым рукам свое холодное и мокрое лицо.

Маруся глядит на меня с унылым упреком: существуют же такие жалкие люди, которые целыми днями шатаются бог знает где! Я чувствую, что я ужасно виноват перед нею (это мое привычное чувство), и спрашиваю еле слышно, где мама.

Маруся требует своим отчетливым голосом, чтобы я но притворялся глупцом, так как, мне, говорит она, отлично известно, что сегодня в полдень дядя Фома уехал к себе в деревню и что мама провожает его до Аккерманской заставы.

Значит, я и вправду преступник! В семье издавна установился обычай, что, всякий раз, когда дядя Фома уезжает из нашего дома, мы с мамой провожаем его до Аккерманской заставы, а потом заходим к Длинной Лизе, и Длинная Лиза всегда говорит мне:

— Ой, как ты вырос, нивроку![5]

И убегает в лавчонку и приносит мне серые, засиженные мухами, каменно-твердые мятные пряники, и я, ломая себе челюсти, грызу эти пряники всю дорогу домой.

Длинная Лиза питает к маме благодарные чувства, потому что мама когда-то давно, когда в городе был еврейский погром,

---

[5] Нивроку (укр.) — не сглазить бы!

79

спрятала ее в нашем погребе в кадке, которую сверху прикрыла капустой, — эта кадка долго еще существовала у нас и называлась «Лизина кадушка». И вот теперь мама идет с Аккерманской заставы одна, без меня, и дядя Фома уехал, и я не поцеловал его в усатые губы, пахнущие хлебом и вишневой наливкой, и даже не видел, какие гостинцы купила мама для его жены и детей. Впрочем, гостинцы эти почти всегда одинаковы: полголовы сахара, четверть фунта чая, липкие конфеты в бумажках под названием «Царский букет» и голубой или канареечный ситчик, купленный на распродаже у Пташниковых.

Я стою перед Марусей жестоко сконфуженный.

— Посмотри, Маруся!

Я показываю ей бумажный мешочек с картинкой и вынимаю оттуда пушистого дятла, которого мне подарила Франциска. Только теперь я вижу, какой он красивый. Из глины кирпичного цвета вылеплен ствол дерева с корой и сучками, и в этот ствол вцепился обеими лапами дятел и, откинув голову далеко назад, долбит его длинным клювом, сделанным из самого лучшего воска.

— Это мне… это для мамы… подарили…

Но Маруся взглядывает на дятла враждебно, будто дятел тоже виноват перед ней, и перед мамой, и перед дядей Фомой.

Я ухожу на кухню. Меня сильно знобит. Я, должно быть, простудился. Хорошо бы выпить горячего чаю. В казарме через дорогу есть куб — большой, вмазанный в плиту кипятильник. Солдат за копейку нальет мне из куба полный чайник горячей воды. Беру со стола чайник и вдруг вижу: под ним записка.

«Приходи сегодня в десять к Дракондиди. Важное дело! Блохин».

Я выбегаю во двор, пригибаясь под окнами, чтобы меня не увидела Маруся.

Я ни разу не бывал у Дракондиди. Дракондиди — тайный гимназический клуб. Все в гимназии знают о существовании этого клуба, но говорят о нем шепотом. Там второгодники Зозуля и Курц пьют водку из бутылок от хлебного кваса. Там пучеглазые братья Бабенчиковы играют в «подкидного осла». Там Степа Бугай всякий раз, когда ему удается похитить у отца трехрублевку, объедается пирожными и мороженым, угощая Зуева и своего брата Володю, второгодника из четвертого класса. Там прячутся от Барбоса «казенщики».

«Казенничать» или «править казну» — это значит околачиваться в каком-нибудь месте (чаще всего в парке или на морском берегу), когда тебе полагается сидеть в своем классе.

Ты, например, не приготовил урока по физике, и тебе грозит единица. Ты берешь ранец и уходишь как будто в гимназию. Но, пройдя две-три улицы, сворачиваешь в сторону и воровски пробираешься в потаенное место, где проводишь все время учения. А потом приходишь домой дурак дураком и бессовестно лжешь родным. Те казенщики, у которых есть деньги, проводят свои дни у Дракондиди. Там они угощаются, играют в карты, в лото, в домино или спят.

И гимназическое начальство ни разу не накрыло их в этом притоне, хотя бывало, что в день какого-нибудь трудного урока там собиралось сразу до десяти человек. Они даже заранее сговаривались — завтра с утра всей оравой пойти к Дракондиди.

А однажды тот же Степа Бугай пригласил к Дракондиди весь класс. Случилось это так. Был последний урок — французский. Нужно было читать молитву после учения:

«Благодарим тебя, создателю, яко сподобил нас еси благодати твоея во еже внимати учению. Благослови наших начальников, родителей и учителей, ведущих нас к познанию блага…»

Степа Бугай смело вышел вперед и, пользуясь тем, что м-сье Лян не понимает по-русски, произнес тем напевом, каким в церкви читают молитвы:

«Аще кто не хочет получити по-гречески кол, да похитит у родителей полтинник и скроется в вертепе Драконди-ди!»

И набожно смотрел на икону и не переставал креститься.

Лян, воображая, что это молитва, с благоговением потупил глаза, чтобы показать, как он уважает чужую религию.

О «вертепе» Фемистокла Дракондиди мне много рассказывал Муня Блохин, так как он каждую пятницу играл там в шахматы с горбатым реалистом Иглицким.

Но идти в этот гимназический клуб еще рано. Сейчас три четверти восьмого, не больше. Не пойти ли мне к Леньке Алигераки, моему соседу, у которого есть белая крыса и пара новых голубей «вертунов»? Нет, не такое у меня сейчас настроение, чтобы интересоваться голубями и крысами! А может быть, вернуться к сестрам Рикке в их безмятежный уют и снова услышать их ласковый голос, их милое и забавное «будбето»?

Медленно и нерешительно я выхожу за ворота. Улица безлюдна. Никого. Ах, увидеть бы Риту Вадзинскую! Я иду вправо, потом возвращаюсь и вдруг вижу у нашей калитки расфуфыренного Циндилиндера в ослепительном фиолетовом галстуке. От него так и разит одеколоном. Не здороваясь, он достает из кармана коробочку и вынимает оттуда малюсенькое золоченое сердце, пронзенное белой стрелой. В сердце вставлен голубенький камушек.

— Шикарная цацка! — восхищается он. — Ты думаешь, она будет рада?

«Она» — оранжево-рыжая Циля, оберточница с фабрики «Глузман и Ромм». В эту горластую красивую краснощекую девушку Циндилиндер около года назад влюбился по самые уши. С той поры он стал напропалую франтить и даже походка у него изменилась. Прежде он ступал по-кошачьи, осторожно и мягко, а теперь шагает все больше вприпрыжку, пританцовывая, как будто под музыку.

Я стараюсь возможно внимательнее вслушиваться в его бессвязную речь. Какое счастье, что я встретился с ним: ведь эта встреча дает мне возможность хоть на полчаса отодвинуть от себя все мои тревоги и горести. Так невыносима для меня тяжесть беды, свалившейся на мои малолетние плечи, что я от всего сердца благодарен судьбе за ту передышку, которую — пусть на самое короткое время — сулит мне этот разговор с Циндилиндером. Передышка до того мне нужна, что я вдруг начинаю разжигать в себе горячий интерес к Циндилиндеру и страшно боюсь, как бы тот не ушел от меня.

Мы садимся на скамью у ворот. Циндилиндер снова достает из кармана бомбошку с голубеньким камушком.

— Думаешь, краденая? Вот!

И он показывает мне с торжеством какую-то зеленую бумагу. Это счет от ювелирного магазина «Бизе и Компания». На бумаге очень четко написано:

«Серебряная брошь — 3 рубля 48 копеек».

Под этой строкой — круглая печать магазина.

— Видишь, какой штамп, ого-го! И накажи меня бог — настоящий!

Он будто сам удивляется, что бомбошка не похищена им.

Я хорошо знаю, что без этого штампа Циля не возьмет его подарка. Чуть только они познакомились, она потребовала, чтобы он побожился, что никогда не будет заниматься своей «специальностью». И действительно, с прошлого лета, или, точнее, с июня — да, с седьмого июня 1895 года он уже никогда ничего не ворует. Мама посоветовала ему «учиться на токаря» в мебельной мастерской А. Э. Кайзера, на углу Канатной и Новой. Теперь он поступил туда в учение, и его стали звать уже не Циндилиндер, но Юзя. Юзя Шток (или, кажется, Штокман). И он обижается, если кто зовет его, как прежде — Циндилиндер.

Он и раньше уверял меня и маму, что уже давно перестал воровать, но только теперь мы поверили ему окончательно. Раза два он приводил к нам свою Цилю и был чрезвычайно доволен, когда увидел, что Циля понравилась маме и мне. Каждое воскресенье он по-прежнему приходит к нам с утра, наполняет нашу бочку водой, чистит для мамы к обеду бураки и картошку, развешивает вместе с Маланкой на «горище» белье, бегает для Маруси в городскую библиотеку за книгами.

Милый, дорогой Циндилиндер! Огромное для меня удовольствие ходить с ним спозаранку на базар под утренние перезвоны церквей. На базаре по-южному шумно: кричат торговки, визжат поросята, все запальчиво и страстно торгуются. Мы покупаем живых раков, скумбрию, помидоры, бублики, черешни, халву. Идем, бывало, домой утомленные, останавливаемся отдохнуть возле дома мадам Шершеневич, и вдруг Циндилиндер говорит улыбаясь:

— Эти торговки такие раззявы! — И вытряхивает из рукава слипшийся ком чернослива.

Я гляжу на него и не верю глазам.

— Юзя! Ты же говорил! Ты дал слово… и маме и Циле… Как тебе не стыдно, Юзя, Юзя!

— Так разве ж это воровство? — улыбается он и достает из-за пазухи горсть мушмулы, моченое яблоко, огурец, карамельку. — И разве тебе не хочется моченого яблока?

Мне совестно признаться: украденные Циндилиндером лакомства были для меня так привлекательны, что я охотно соглашался не считать их украденными и съедал без зазрения совести и мушмулу, и чернослив, и моченое яблоко.

Но оранжево-рыжая Циля оказалась бескорыстнее и строже меня. Когда Циндилиндер похитил для нес на базаре любимые ею каштаны, она отшвырнула их так, словно это были раскаленные уголья, и заявила, что не желает водиться с таким «неизлечимым мазуриком».

С тех пор, прогуливаясь между ларьками в воскресные дни, Циндилиндер перестал похищать даже тыквенные и арбузные семечки у полоумной старухи Марьянки, у которой даже маленькие дети, то и дело налетавшие на нее воробьиными стаями, и те беспрепятственно опустошали всю корзину. Забавно было смотреть, с каким трудом он удерживает свои ловкие руки от похищения плохо лежащих сластей и как, стянув нечаянно огурец или луковицу, он произносит ругательство и кидает их обратно в мешок продавца.

Ругается он тоже меньше прежнего. Мама строго-настрого запретила ему сквернословить. Он обещал. Но беда была в том, что на первых порах он не мог догадаться, какие слова скверные, какие хорошие. Нисколько не стесняясь, произносил он такие слова, от которых дерево и то покраснело бы. А случись ему сказать, например, «штаны», или «наплевать», или «шиш», и он, спохватившись, ужасно конфузился:

— Уй, виноват, извиняюсь!

Но теперь и по этой части все обстоит у него в полной исправности. Вообще теперь трудно представить себе, что еще так недавно его считали «неисправимым мазуриком». Теперь даже у седого трубача Симоненко честность Циндилиндера не вызывает сомнений.

Но, к сожалению, Циндилиндер должен уже уходить. В парке у памятника Александру II его ждет оранжево-рыжая Циля.

— А я иду к Дракондиди! — говорю я ему и хочу рассказать обо всех своих бедствиях.

Но сейчас ему не до меня, он боится опоздать к своей Циле. Я остаюсь на скамейке один, и снова накатывает на меня мое горе.

В такт моим грустным мыслям завыла, застонала труба Симоненко.

Этот вой надрывает мне сердце. Мне хочется плакать. Что-то ждет меня в подвале Фемистокла Дракондиди?

ГЛАВА ПЯТНАДЦАТАЯ

ДРАКОНДИДИ

Этот подвал помещается при «Заведении искусственных минеральных вод» на Успенской улице, против станции конки.

Издали сверкает сине-белая вывеска, освещенная языками голубовато-желтого газа: «Искусственные воды и сиропы Ф.М.Дракондиди». На вывеске нарисован сифон, из которого веером брызжет вода. Я толкаю дверь и вхожу в магазин. Звонок, приколоченный к двери, дребезжит гораздо громче, чем я ожидал.

Первое, что я вижу: синяя лысина и черная борода Дракондиди. Борода ассирийская, квадратная, похожа на крашеную. Из ее чащи выпячиваются мясистые ярко-пунцовые губы.

Дракондиди стоит за стойкой и чистит мелом оловянные ложки. Перед ним на высоком металлическом стержне стеклянные колонки с сиропами: ананасный сироп, шоколадный сироп, вишневый, ванильный, малиновый, апельсинный и даже почему-то тюльпанный. Венчает всю эту разноцветную колоннаду сиропов ярко-красный бумажный букет.

Но где же клуб? Где великолепная тайная комната, о которой так много говорил мне Блохин? За спиной у Дракондиди никакого подобия двери. Гладкая стена. На ней ковер. На ковре афиша:

ЦИРК МАНУИЛА ГЕРЦОГА
БРАТЬЯ ФЕРНАНДО И ТАНТИ БАДИНИ

— С сиропом или без? — спрашивает у меня Дракондиди, бросая ложечку в высокий стакан.

— Нет, мне не вода... я — другое... Меня позвал сюда Муня Блохин.

Дракондиди хмурит роскошные кустистые брови.

— Как вы говорите? Блохин?

— Из пятого класса. Из пятой гимназии. Муня.

— Блохин — это такая фамилия? Может быть, Маразли или Ралли?

(Ралли и Маразли — местные купцы, знаменитые своими богатствами.)

— Нет, не Ралли, не Маразли, а Блохин… Вы его знаете… Муня… Он у вас играет в шахматы с этим… с горбатым. С Иглицким… Я знаю всех, кто бывает у вас: Курца, Зозулю… обоих Бабенчиковых.

Лысина Дракондиди из синей становится красной.

— Вы сумасшедший, накажи меня бог! У меня тут лимонады и сиропы, а он шукает[6] какого-то Курца с Зозулей!

Должно быть, я ошибся. Блохин рассказывал мне, что все это «Заведение искусственных минеральных вод» есть лишь одна декорация, а главное — там, за кулисами, в темной комнате с закрытыми ставнями.

Я выхожу на улицу, долго стою под акацией и бессмысленно смотрю на ворота, на которых написано мелом: «Юра любит Раю Глузман».

Рядом с Дракондиди помещается конфетная фабрика «Глузман и Ромм», и там внизу, в подвальном этаже этой фабрики, обычно сидят у решетчатых окон сорок или пятьдесят молчаливых работниц. В страшной тесноте за длинным и липким столом, мерно качаясь вперед и назад, при свете двух керосиновых лампочек они с быстротой автоматов обвертывают клейкие карамельки бумажками, на которых написано: «Царская роза. Фабрика Глузман и Ромм».

Здесь-то и работает рыжая Циля, и мне даже странно подумать, что после такого трудного рабочего дня она еще может задорно смеяться, а иногда и плясать до упаду вместе со своим женихом Циндилиндером.

Перегнувшись через жидкие перильца, сделанные из водопроводной трубы, я гляжу в подвальное окно. Сегодня

---

[6] Шукает (укр.) — ищет

воскресенье, фабрика «Глузман и Ромм» не работает, за темными окнами мрак. Я отворачиваюсь и вижу: Блохин.

— Муня, — говорю я ему, — должно быть, есть другой Дракондиди?

Но Муня ухмыляется, произносит свое любимое «пфа» и ведет меня обратно в «Заведение искусственных вод», кладет на стойку два двугривенных — за меня и за себя, — и Дракондиди, к моему удивлению, здоровается с ним, как с приятелем, и, озираясь, приподнимает ковер, тот самый, к которому прикреплена цирковая афиша, и за ковром я вижу невысокую дверь, обитую рваной клеенкой.

— Осторожно: ступенька! — говорит Дракондиди, обнажая сахарно-белые зубы, и я, как в яму, проваливаюсь в темную полуподвальную комнату, где пахнет дымом, рыбой, уборной, керосином и сыростью.

Когда глаза привыкают к потемкам, я вижу кудлатого парня с цыганским лицом, который жарит на керосинке бычков. По словам Муни, это брат Дракондиди (я уже слышал о нем), глухонемой водопроводчик пли слесарь, по имени Жора. Справа у стены занавеска. Из-за занавески доносится храп. Где-то поскрипывает жестяной вентилятор. Или, может быть, это льется из крана вода?

Вот он какой, клуб Дракондиди, о котором рассказывали мне столько чудес! Я почему-то был уверен, что тут позолота и бархат, а тут засаленные столы, шелуха от подсолнухов, грязь и такая вонь!

Мы усаживаемся с Блохиным в дальний угол. По нашему столу пробегает прусак.

Приглядевшись, я вижу Бабенчиковых. Они сидят на перевернутых бочонках справа у самой стены и тасуют карты, ожидая партнеров.

Глухонемой тотчас же подает нам на заржавленном черном подносе два стакана мутноватого чаю с крошечными солеными бубликами, какие подают обычно к пиву.

— Этот Жорка — артист, ой-ой-ой! — говорит, подмигивая, Муня. — Дать ему три папироски, и он проглотит вон того прусака, даже двух…

— При чем тут прусаки? — говорю я с тоскливым упреком. — Ты меня звал... Я пришел... А ты — о прусаках... о папиросах...

Муня смеется:

— Все будет отлично, не бойся. Мы с Тимошей придумали... То есть придумал Тимоша. Замечательный план!.. Вот увидишь... Сейчас он придет... Он расскажет.

Но улыбка у Блохина невеселая. Или, может быть, просто рассеянная? Я всматриваюсь в него и с негодованием вижу, что думает он о другом.

Такой у него непостоянный и суетливый характер: вот уж он подбежал к восьмикласснику Людвигу Мейеру и предлагает ему билет в лотерею:

— Разыгрывается знаменитая книга: «Ожерелье королевы» Александра Дюма! Четыреста двадцать страниц!

Потом подбегает к Зенкевичу, собирателю марок, и меняет у него «Кубу» на «Яву».

Потом останавливается у стены против двери — играть с каким-то черномазым в орлянку.

Потом подходит к столику, где объедаются шоколадной халвой Володька и Степка Бугаи, и, дирижируя бубликом, поет вместе с ними свирепую песню о нашем надзирателе Галикине (он же Барбос).

Нет такого человека, мимо которого он мог бы пройти, не затеяв с ним игры пли дела. Он нужен каждому, и каждый — ему.

Во всей этой толпе только и слышно:

— Мунька! Муня! Блохин! Блоха!

И скоро мне начинает казаться, что в комнате не один Блохин, а пять или шесть.

Но вот к нему подходит Иглицкий, высоколобый горбун, и оба сейчас же садятся за шахматы.

От чада и голода у меня начинает болеть голова. Я не отрываю глаз от той двери, где должен появиться Тимоша. Мне кажется: едва только я увижу его простосердечное, круглое, красноватое от веснушек лицо, голова у меня сразу же перестанет болеть.

С каким видом войдет он сюда? Веселый или грустный? И что нового скажет он мне?

Тускло светится в темной стене обитая рваною клеенкою дверь. Я ненавижу каждого входящего в нее человека за то, что этот человек не Тимоша.

— Шах! — говорит Иглицкий.

— Шах и мат! — говорит Блохин.

И тотчас же вскакивает, так как в эту самую минуту на верхней ступеньке появляется, растерянно щурясь, Тимоша.

Мы бежим к нему, расталкивая всех.

Оказывается, его долго не пускал Дракондиди, и он чуть не силой ворвался в эту дверь. Его крепкозубый рот улыбается мне, как всегда, но глаза его тоскливы и тревожны. Русые волосы потемнели от пота.

Мы садимся у самой занавески на кучу пахнущих рыбой рогож, и Тимоша начинает подробно рассказывать обо всем, что он делал с утра, чтобы выручить меня из беды.

— Раньше всего, как мне посоветовал Мунька, я побежал к Эммануилу Жуку.

— Боже мой! При чем же здесь Жук?

В нашей гимназии все знают Эммануила Жука. Он солиден и важен, как капитан парохода. У него крупная фигура, отличный костюм и барственный, гордый профиль. Он и в самом деле важная персона: парикмахер «Приморской гостиницы». Но какой же помощи могу я ожидать от него?

— Как — какой? — набрасывается на меня Муня. — Или ты не знаешь, что он каждое утро, зимою и летом, является с бритвой и ножницами на квартиру к Бургмейстеру — побрить и постричь его перед началом уроков?

— Ну так что же?

— А то, что он обладает драгоценной возможностью ежедневно разговаривать с самим Шестиглазым!

Тут Муню прерывает Тимоша и рассказывает с большим изобилием подробностей, как благосклонно принял его этот важный цирюльник и как охотно взялся похлопотать обо мне.

— Вот и чудесно! — говорю я, обрадованный.

— Нет, ты с-слушай до к-конца! — И нижняя губа у Тимоши вдруг начинает дрожать, словно он хочет заплакать.

Из его дальнейшего рассказа я понял, что этот восхитительный Жук отнюдь не имеет намерения расточать свои благодеяния даром: за свой разговор с Шестиглазым он требует двести рублей — двести рублей за один разговор! — а в случае удачи еще двести.

Сердце у меня холодеет: бывают же на свете такие бесстыжие люди!

— А ты что думал! — ухмыляется Муня. — На то он и Жук… Тайный агент Шестиглазого… Разве Зуев и Зюзя Козельский могли бы хоть час оставаться в гимназии, если бы их родители не отваливали ему — для Бургмейстера — не двести, не триста, а тысячи!

— К черту Жука! — кричу я.

Тимоша смотрит на меня виновато. Ему как будто совестно, что его хлопоты не привели ни к чему. Он уныло и тягуче рассказывает, что от Жука он поплелся к попу в далекую Покровскую церковь, выстоял там до конца всю обедню и что поп, едва услыхав мое имя, зафыркал на него, словно кот на ежа.

Дальше мне не хочется слушать. Стыдно признаться, но я, как ни дико это звучит, не чувствую к Тимоше никакой благодарности. Человек с утра до вечера, не пивши, не евши, бегал по всему городу ради меня, хлопотал, суетился, а я слушаю его рассказы об этом с нетерпеливой досадой, со злостью — и сам сознаю, что не прав, но это еще сильнее раздражает меня.

— А потом я пошел к Митрофанычу… к Финти-Монти…

— Знаю, знаю! Не тяни! — говорю я сердито и резко. — Знаю: пошел к Митрофанычу и не застал его дома.

— Не застал… — убитым голосом отвечает Тимоша, будто не замечая моего раздражения. — Сначала я пошел на волнорез, к маяку, где по праздникам он ловит бычков… Оттуда…

— Мне неинтересно, куда ты ходил… Важно, что ты не застал! Не застал! Не застал!

Горе мое так велико, что я чувствую себя вправе быть несправедливым, капризным и грубым. Я хватаю с ближайшего столика чью-то суковатую палку и, стуча ею по столу, кричу каким-то не своим, сварливым, истерическим голосом, отвратительным мне самому:

— К черту вас всех! К черту! К черту! — И вдруг спохватываюсь и начинаю лепетать извинения: — Не сердись… я понимаю… я знаю… Но что же мне делать? Ведь я…

Слезы душат меня, и я припадаю лицом к занавеске, — она тоже пропитана запахом рыбы.

И вдруг в эту самую секунду до нас доносятся знакомые, родные слова:

— Мазепы! Свистуны! Горлопаны!..

Мы вскакиваем, точно в комнате разорвался снаряд.

Финти-Монти!!! Неужели он здесь, среди нас?!

Мы бросаемся за занавеску.

Да, это он, Финти-Монти: прикорнул на неширокой скамье, прикрылся своей убогой шинелькой, а возле него на сундуке полуштоф и оплывшая тусклая свечка.

Что за чудо! Как очутился он здесь, под землею, в этой вони и мерзости? Правда, среди гимназистов был слух, что он, как принято было выражаться тогда, топит свое горе в вине, но я так привык видеть его трезвым и важным в классе, на кафедре во время урока, что гляжу на него и буквально не верю глазам. Вот он приподнимается, медленно и грузно садится, гладит свои длинные, как у Тараса Бульбы, усы, словно раздумывая, спать ли ему дальше или проснуться совсем. И, видимо, решает: спать. И тянет кверху свою худую шинель, чтобы опять укрыться с головой.

— Здравствуйте, Иван Митрофаныч! — говорим мы хором, как в гимназии.

— Здорово, богадельня! — отвечает он сонно и хмуро.

Я порывисто бросаюсь к нему:

— Что мне делать, Иван Митрофаныч? Вы ведь знаете: меня исключили. Неужели не простят, не позволят вернуться? Я, честное слово, исправлюсь! Я…

Иван Митрофаныч молчит.

— Ис-клю-чи-ли? — отчеканивает он по складам. — И меня, брат, тоже ис-клю-чи-ли. — И вдруг хватает меня за кушак и притягивает изо всей силы к себе. — Куриная ты слепота! — говорит он с ласковым упреком. — Не маленький, пора понимать... Думаешь, тебя прогнали за то, что ты накуролесил с попом или с этим... как его... с Зюзькой Козельским? Вздор и собачья брехня! Не за то тебя турнули, что ты виноват, а за то, что ты черная кость. В этом вся твоя вина, понимаешь?

В нашем закоулке вдруг, как из-под земли, вырастает «глухонемой» Дракондиди и начинает слишком уж усердно егозить возле нас.

— Ты думаешь, он и вправду глухой? — говорит громким шепотом Муня. — Ого-го! Уши у него не хуже твоих! Шныряет тут весь день между столиками, а завтра побежит и донесет кому следует.

Иван Митрофаныч встает, берет с сундука свою мягкую шляпу, накидывает на плечи крылатку (я подаю ему его суковатую палку, которой я давеча стучал по столу) и направляется к двери.

— Назад! Не сюда! — кричит Муня и ведет нас в какую-то боковую каморку, из которой мы, словно из гнилого колодца, выбираемся под огромное спокойное синее небо, озаренное круглой луной.

Перед нами деревья, кусты, силуэт голубятни, и через минуту мы в глухом переулке, который тоже до самых крас переполнен золотом лунного света и черными тенями невысоких домов.

ГЛАВА ШЕСТНАДЦАТАЯ

ПРИ ЛУННОМ СВЕТЕ

Мне кажется, я никогда не видал такой огромной и могучей луны. Она завладела всем городом, наполнила его светом, как музыкой.

Иван Митрофаныч садится на какую-то тумбу в черной тени возле дома и, снова притянув меня к себе, повторяет свой грустный упрек:

— Ты ведь не маленький, пора понимать!

Потом долго молчит и вдруг спрашивает ни с того ни с сего:

— Ты когда-нибудь слыхал про Топтыгина Третьего?

— Про какого Топтыгина?

— Про покойного, «в бозе почившего»? Вот он и виноват в твоей беде!

«В бозе почившим» называли тогда царя Александра III, того самого, что скончался два года назад.

Помню, едва только в нашей гимназии узнали, что он «в бозе почил», то есть, говоря попросту, умер, Шестиглазый, Прохор Евгеньич и поп стали взапуски расхваливать его и так хныкали на панихидах, так часто повторяли, колотя себя в грудь, какой он был хороший, мудрый, благородный и добрый, — не просто царь, а царь-миротворец, — что в конце концов мы, детвора, поверили их похвалам и горячо горевали об умершем царе. На портрете, что висел в нашем зале (теперь его рама была обтянута трауром), он изображен таким простодушным и благостным, с такой застенчивой хорошей улыбкой, что, глядя на него, было невозможно подумать, будто он способен на какие-нибудь злобные каверзы.

А на самом деле, по словам Финти-Монти, это был настоящий солдафон, держиморда... Вместе со своими министрами он состряпал свирепый приказ о так называемых «кухаркиных детях»: чтобы в гимназии ни за что не допускались дети рабочих, мастеровых, кучеров, судомоек, приказчиков, грузчиков, швей.

— Но какая же радость царю, — спрашиваю я с удивлением, — если все мы останемся неучами?

Иван Митрофаныч не успевает ответить — его перебивает Блохин.

— А скажи, пожалуйста, — говорит он насмешливо, — какая же радость царю, если из тебя выйдет студент? Какая ему будет от этого выгода? Богатые, они не пойдут бунтовать, а которые бедные, да еще из простых, — ого-го!

— Верно, верно! — говорит Финти-Монти и, тяжело опираясь на палку, входит в полосу лунного света.

— Сейчас он будет петь! Вот увидишь! — говорит мне шепотом Муня Блохин. — Уж я его знаю, пфа!

И действительно, Финти-Монти откашливается и запевает сиплым баритоном:

Выдь на Волгу. Чей стон раздается
Над великою русской рекой?
Этот стон у нас песней зовется…

Но тут же обрывает свое пение и, взяв меня за кушак, начинает втолковывать мне, что я ни в чем, ни в чем не виноват. Кое-что в его словах мне непонятно, но главное я все же улавливаю. Дело, оказывается, вовсе не в том, подучил ли я Козельского закопать в землю дневник. Все это вздор, не имеющий никакого значения. Главное в том, что у мамы моей нет ни такого дома, как у «вдовы подполковника Тюнтиной», ни таких бань и трактиров, как у матери Зуева, ни такой лавки, как у братьев Бабенчиковых, ни такого ресторана, как у Сигизмунда Козельского, — у нее ничего нет, кроме рук, стертых до крови от стирки чужого белья. Оттого-то и решено не допускать меня до университетской скамьи.

— Зачем же ты унижаешься, клянчишь и кланяешься! — говорит Иван Митрофаныч сердито. — Ведь дело простое и ясное: Шестиглазому велено изъять из гимназии полдюжины «кухаркиных детей». Вот он и нацелился вышвырнуть семь человек: тебя, Финкельштейна, Яковенко, Христопуло и тех, из шестого класса. Уж он найдет у вас болячки, будь покоен! Ему приказывают, он и старается…

Мы выходим из переулка и начинаем шагать мимо каких-то магазинов, домов, палисадников. Знакомая Канатная улица кажется под лупою поэтичной, загадочной. Ни одного дома невозможно узнать. Словно мы попали на другую планету.

Иван Митрофаныч снова хватает меня за кушак:

— Но недолго этим иродам глумиться над нами!

На святой Руси петухи поют,

Скоро будет день на святой Руси!

Слова Финти-Монти действуют на меня ободряюще. Довольно унижаться и кланяться! Я ни перед кем не виноват! Я так и скажу маме. Я ей все объясню. Это они передо мной виноваты. И перед нею… Да, да!

По дороге я рассказываю об Эммануиле Жуке.

— Правая рука Шестиглазого, — поясняет Иван Митрофаныч. — Работает у него на процентах.

По словам Ивана Митрофаныча, Шестиглазый самый неистовый, самый бесстрашный хабарник[7] и самый знаменитый из всех. Когда в городе хотят выругать какого-нибудь крупного взяточника, говорят: «Он дерет, как Бургмейстер».

Торговля отметками — опять-таки по словам Ивана Митрофаныча — поставлена у него на широкую ногу. У него даже существует определенная такса: за тройку столько-то, за четверку дороже, за пятерку еще дороже. Особенно в последнюю четверть, когда подводятся итоги учебному году.

Иван Митрофаныч обличал его всюду, где мог. Написал о нем для газеты статью, но ее запретила цензура. Написал бумагу в министерство, но там ему сказали: не суйся.

— Н-но скажите, — спрашивает, заикаясь, Тимоша, — за что же министру любить Шестиглазого, если Шестиглазый такой людоед?

---

[7] Хабарник (южн.) — взяточник

Иван Митрофаныч утомленно молчит. Вместо него отвечает Блохин:

— Или ты не видел, как Шестиглазый поет «Боже, царя храни»? Как он крестится и целует иконы? Как он хлюпает носом, когда говорит о вдовствующей императрице Марии? А министру только это и нужно! За это он простит Шестиглазому и не такие грехи!

Лунное сияние по-прежнему ходит голубыми волнами по улицам. Увлеченный разговором с Финти-Монти, я так и не заметил, как мы приблизились к нашим воротам.

— Прощай! — говорит мне Иван Митрофаныч. — И помни: ты пария, ты плебей, но не раб!

Едва только я вхожу в подворотню, навстречу мне бежит Циндилиндер. Он прыгает, машет руками и кричит как сумасшедший на весь двор:

— Пришел! Пришел! Воротился! Живой! И даже не думал тонуть!

И вот уже меня окружают и мама, и Маруся, и Маланка, и Длинная Лиза, и Циля и шумно радуются моему возвращению.

Мало-помалу я начинаю понимать, что случилось. Вечером, воротившись домой, мама была страшно обеспокоена: куда я пропал? На кухне она увидала записку, в которой Муня приглашает меня к Дракондиди. Что за Дракондиди, ни мама, ни Маруся не знали. Но вскоре пришел Циндилиндер, прочитал записку и помчался на Успенскую улицу (он бывал у Дракондиди не раз). Меня уже там не было, и мама взволновалась еще больше: не утонул ли я в море, как утонули на днях два семинариста, Фюк и Жаров.

Но где же Тимоша? Где Муня Блохин? Я хочу догнать их, сказать им спасибо, но Циндилиндер не пускает меня. Теперь, когда я воротился живой и здоровый, мама раньше всего велит мне хорошенько умыться. Я беру мыло, мочалку, ухожу с Циндилиндером за ближайший сарай, и там он беспощадно окатывает меня холодной водой. Потом мама ставит на стол деревянную миску борща, но я не в силах прикоснуться к еде и, когда чужие уходят, начинаю бессвязно рассказывать маме все, что я таил от нее.

— Ты не знаешь… Даю тебе честное слово… Это не я… Это Тюнтин… Да еще Мелетий… да царь… Финти-Монти говорит… ты послушай…

Мама молча глядит на меня с какой-то странной и тихой улыбкой. По всему видно, что она ни о чем не догадывается. Ей и в голову не может прийти, что я обманывал ее и вчера и сегодня, что те деньги, которые она платила за мое обучение в гимназии и за тетради, и за книги, и за ранец с мохнатой покрышкой, и за круглый пенал, и за гимназический мундир с такими блестящими пуговицами, — что все эти деньги, добытые тяжелым трудом, пропали без пользы, истрачены зря, все равно что брошены в огонь.

— Мама, я должен сказать тебе… Шестиглазый… вчера… или нет, третьего дня… впрочем, нет, вчера…

Мама продолжает молчать. И вдруг произносит бесстрастно:

— Знаю… Давно уже знаю…

— Знаешь?

Сердце у меня обрывается.

— Со вчерашнего дня. С утра. Вчера утром пришла из гимназии бумага… Рано утром… В субботу… при дяде Фоме…

Значит, напрасно я убегал от нее, напрасно притворялся, будто ничего не случилось! Как раз в то время, когда я сидел в своем классе и прятался за спиной Блохина, она уже знала, что произошла катастрофа. Но ни слова не сказала ни дяде Фоме, ни Марусе. И теперь так спокойно достает из-за припечка аккуратно сложенную большую бумагу и подает ее мне. Бумага плотная, глянцевитая, белая, и на ней написано красивейшим почерком:

Педагогический Совет Пятой Гимназии такого-то города извещает Вас, Милостивая Государыня, что, по постановлению Совета от такого-то числа, сын Ваш такой-то исключен из пятого класса означенной Гимназии за малоуспешность в науках и вредное влияние на учащихся. Благоволите пожаловать такого-то числа в канцелярию Гимназии для получения документов Вашего уволенного сына такого-то.

98

Примите, Милостивая Государыня, уверения в совершенном почтении и преданности.

Директор А. Бургмейстер

Эта бумага для мамы и для меня — смертный приговор. А мама (это так странно) спокойна. Не называет меня ни бродягой, ни лодырем, как любит называть меня Маруся. Хоть бы крикнула или заплакала! В ее оцепенении есть что-то пугающее. Я хватаю ее холодные, точно мертвые, руки и повторяю с отчаянием:

— Ну не надо!.. Ну пожалуйста! Ну будь так добра! Финти-Монти объяснил мне сегодня…

И я рассказываю ей все, что говорил мне сейчас под луною на улице Иван Митрофаныч. Потом рассказываю ей о сестрицах Рикке, о Зюзе Козельском, после чего мы оба затихаем и долго сидим на большом кухонном топчане.

Лампочка начинает чадить и мало-помалу гаснет. От этого становится как будто светлее: всю кухню заливает лунный свет.

Мама взволнованным голосом, какого я никогда у нее не слыхал, рассказывает мне о себе, о своей жизни, о моем отце, который покинул ее в Петербурге вскоре после того, как я появился на свет, и наконец умолкает.

Я только теперь замечаю, что все лицо мое мокро от слез. Но мне становится так хорошо, словно в мире никогда не бывало ни Мелетия, ни Шестиглазого, ни Прошки, ни попечителя Люстиха. Я кладу голову маме на колени и, тихо гладя ее руки, засыпаю.

ГЛАВА СЕМНАДЦАТАЯ

ПОНЕДЕЛЬНИК

В понедельник я сплю до полудня и просыпаюсь с таким аппетитом, какого у меня никогда не бывало.

С жадностью набрасываюсь на еду: съедаю и большущий, осыпанный маком калач, и оставшуюся с вечера миску борща и выпиваю такое количество чаю, что Маруся морщится и произносит брезгливо:

— Ты какой-то ненормальный, ей-богу!

Должно быть, я и в самом деле ненормальный. С тех пор как я понял, что я решительно ни в чем не виноват, что директор со своими «архангелами» взвалил на меня злую напраслину и — главное! — что мне больше не приходится прятаться от мамы и бояться ее, на меня нахлынуло восхитительное чувство свободы и легкости.

Я выбегаю во двор и через две-три минуты поднимаюсь по канату в свой «Вигвам», вскакиваю на ветхий бочонок и достаю из своего тайника, из-за балки, школьную измятую тетрадь, на синей обертке которой написано:

ГИМНАЗИАДА

Героическая поэма в двенадцати частях с эпилогом

И на первой странице красными чернилами в затейливой рамке:

Посвящается Рите Вадзинской
Открываю тетрадь и читаю:
Страховку от дурного балла
Завел на парте Окуджалла,
И пред диктовкой где же тот,
Кто страховаться не пойдет?

А вот о нашем гимназическом «греке», преподававшем нам древнегреческую литературу:

И грек вошел, и все мы встали,
Как волоса на голове.
    А вот про Зюзю Козельского, подлизу и труса:
Как он умел страдать зубами,
Чуть замечал, что алчный грек
Своими хищными очами
Его терзаниям обрек,
Как шуткам Прошкиным смеялся
(Инспектор Прошкой назывался
И был великим шутником,
Зане еврея звал жидом).[8]

    А вот про Шестиглазого, про Финти-Монти, про Зуева... А вот про нашего латиниста Павла Ильича Кавуна...

    И тут я вспоминаю, что сегодня от часу до двух у нас... — то есть нет, не у нас, а «у них», — мой любимый латинский урок. Я отдал бы все на свете, чтобы в эту минуту встать перед всем классом у кафедры и прочитать нараспев:

Рэгиа солис эрат
Сублимибус альта колюмнис, —

    и видеть, как Павел Ильич упивается вместе со мною музыкой каждого древнеримского слова и, зажмурившись, кивает мне в такт. И я впервые понимаю теперь со всей ясностью, что этому уже не бывать никогда, и чувствую такое сиротство, словно я один на земле.

    К черту же все, что напоминает гимназию! Долой «Гимназиаду»! На что она мне! Я с яростью рву мою бедную рукопись на мельчайшие части, рву сосредоточенно и долго, чтобы нельзя было прочесть ни единого слова, потом спускаюсь вниз, подбегаю к большому, обмазанному дегтем мусорному ящику, над которым с густым и веселым жужжанием носится черное облако мух, и бросаю туда всю эту бумажную рвань.

---

[8] Зане — старинное слово: «так как», «потому что». Я вычитал его у Пушкина в «Борисе Годунове»

На душе у меня становится легче, и я бегу задворками домой.

Едва я всхожу на порог, Маруся делает мне знак не шуметь: у мамы с утра мигрень. Она лежит без движения, с потемневшим лицом. Голова ее туго обмотана большим полотенцем, которое Маруся каждые двадцать минут погружает в наполненный уксусом таз.

— Мама была в гимназии. Ходила за твоими документами! — говорит она укоризненным шепотом. — Бургмейстер кричал на нее. Да, кричал. И все из-за тебя, из-за тебя!

Я стою у маминой постели, и сердце мое поет от тоски. Потом иду на кухню, чтобы не разреветься при маме. Маруся протягивает мне три пятака:

— Я на твоем месте пошла бы сейчас к Гавриленко, купила бы к ужину хлеба и полфунта перловой крупы.

Лавка Гавриленко за углом, на Старо-Портофранковской улице. Беру деньги и уныло бреду к Гавриленко. И нужно же так случиться, что первый, кого я встречаю, еще не дойдя до угла, — Валька Тюнтин! Его сонное лицо с подслеповатыми глазками пышет самодовольством и важностью. В руке у него тяжелая трость, хотя ношение палок, зонтиков, тростей и дубинок строго-настрого запрещено гимназистам. В наших краях Валька бывает почти ежедневно: здесь неподалеку живет его тетка, вдова какого-то московского барина, занимающая целый этаж в доме мадам Шершеневич.

Больше всего на свете мне сейчас не хотелось бы встретиться именно с Валькой. Но он глядит на меня так дружелюбно и так широко улыбается мне, словно он узнал обо мне что-то очень хорошее и ему не терпится обрадовать и поздравить меня.

— Здравствуй, — говорит он, торжествуя, — какой ты худой и зеленый! Ну уж и ругал тебя сегодня директор... Он назвал тебя паршивой овцой. Пришел к нам на урок и сказал: «Слава богу, его уже не будет в гимназии!» Так и сказал: «Слава богу! Паршивая овца все стадо портит». Моя мама говорит то же самое: твое место не в гимназии, а в прачечной. Ведь твоей маменьке...

— Ах ты мурло! — кричу я, охваченный единственным желанием исцарапать, избить, искусать эти наглые, смеющиеся щеки.

В его самодовольной ухмылке воплощается для меня все жестокое, злое, что терзает меня вот уже несколько дней. Это придает мне удесятеренные силы, и неожиданно для себя самого я набрасываюсь на ошеломленного Тюнтина, выхватываю его тяжеловесную трость, ломаю ее пополам и швыряю ему прямо в лицо.

Ни раньше, ни потом я не мог бы совершить это чудо: трость была крепкая, словно стальная, и в обыкновенное время я не мог бы не только сломать ее, но даже согнуть.

Я жду, что Валька завопит от обиды и боли, набросится на меня с кулаками, а кулаки у него посильнее моих. Но на его лице вдруг появляется жалкое выражение испуга, и он с каким-то дрянненьким визгом и хрюканьем трусливо убегает в подворотню.

ГЛАВА ВОСЕМНАДЦАТАЯ

Я СТАНОВЛЮСЬ ХУДОЖНИКОМ

Проходит еще несколько дней. Как-то является к нам Циндилиндер и, отведя меня в угол, спрашивает заговорщическим шепотом:

— Хочешь заработать деньгу? — и лукаво подмигивает, и делает такое движение пальцами правой руки, словно перебирает золотые монеты.

Я испуганно гляжу на него. Уж не втягивает ли он меня в какое-нибудь темное дело? Зачем эти подмигивания, эти странные жесты, этот таинственный шепот?

Но нет, ничего зазорного он не собирается мне предложить. Предлагает он, в сущности, хорошую вещь: живописных дел мастеру маляру Анаховичу временно нужен подручный — так вот, не хочу ли я взяться за эту работу по двугривенному в день, на хозяйских харчах.

Трудно даже представить себе, с каким упоением бегу я в тот же вечер к Анаховичу! Его фамилию я знаю отлично, так как он не только маляр, но и создатель многочисленных вывесок для табачных магазинов, парикмахерских, трактиров, прачечных заведений и прочее. Каждая его вывеска — величиною с хорошую дверь, и на каждой (в правом углу внизу) он всегда выводит крупными печатными буквами: «Художник Л.Анахович».

Для табачных магазинов он рисует дородного турка в роскошной малиновой феске. Турок сидит по-турецки на турецком диване и с наслаждением курит турецкий табак из длиннейшего турецкого кальяна, откуда элегантной спиралью вьется тоненький турецкий дымок.

А какими франтами оказываются на вывесках у него парикмахеры! Молодые, с прелестными усиками, они всегда держат за ушами гребенку и в изящной позе склоняются над своими клиентами, любовно лелея их волосы большими серебристыми ножницами.

Вообще вывески Анаховича и других таких же мастеров-живописцев — единственная картинная галерея, доступная жителям нашего города. И еще недавно, когда другой живописец, конкурент Анаховича, Бендель, изготовил для «Северной гостиницы» вывеску, на которой четыре джентльмена с тончайшими талиями играют на изумрудном бильярде, жители сбегались отовсюду поглядеть на это новое произведение искусства, и никого не смущало, что все джентльмены были как две капли воды похожи один на другого и что руки, державшие кий, были у них выворочены в локтях, как на дыбе.

Поэтому нет ничего удивительного, что, выслушав предложение Циндилиндера, я пришел в бурный восторг: я был уверен, что, стоит Анаховичу увидеть меня, он даст мне все свои кисти и краски и я сейчас же начну малевать таких же великолепных турок в малиновых фесках и таких же близнецов-джентльменов, цепенеющих над изумрудным бильярдом.

Но Анахович (маленький человечек с кислыми, равнодушными глазками) смотрит на меня апатично и говорит таким голосом, словно ничего хорошего не ждет от меня:

— Вот там в углу стоит шпатель. И чтоб завтра с утра вы уже были на крыше…

И называет адрес: Садовая, восемь.

Что за шпатель? Какая крыша?

Оказалось, шпателем называется длинная палка с острым скребком на конце. Перед тем как окрасить крышу, с нее чисто-начисто соскребаются шпателем и ржавчина, и прошлогодняя краска.

— А кисти?

— А кисти, молодой человек, через год, через два…

С этой минуты я делаюсь шпательщиком.

Шпательщик — это вовсе не то, что шпаклевщик. Он исполняет самую простую работу, для которой не требуется особых умений. Взберешься с самого утра по дробинке[9] на

_____

[9] Дробина — приставная лесенка

105

заржавленную, закопченную, заскорузлую крышу, на которой кое-где сохраняются побуревшие островки старой краски, снимешь куртку, рубаху, ботинки, обмотаешь ноги тряпьем и начнешь при помощи шпателя превращать всю эту запачканную, безобразно корявую площадь в чистую, без единой пылинки, после чего сюда могут прийти маляры, хорошо зашпаклевать эту крышу и сделать ее пунцовой, зеленой или даже огненно-желтой, так что дом помолодеет надолго и станет украшением всей улицы.

Шпаклевать я тоже умею недурно: затирать и замазывать особою смесью все царапины, щели и выбоины, чтобы крыша стала ровной, как зеркало, — этому искусству я научился на взморье, когда мне случалось помогать рыбаку Симмелиди красить его челноки и шаланды. Но Анахович не доверяет мне этой работы, и я вполне доволен своим шпателем.

С утра прохладно, веет морской ветерок, работается легко и приятно, но часам к двенадцати весеннее южное солнце сильно накаляет мою крышу, и я сажусь у трубы отдохнуть.

Почти всегда в это время по дробинке на крышу взбирается сын Анаховича, Борис Леопольдович, надсмотрщик над всеми работами, на которые его отец взял подряд. Он очень похож на отца: такого же маленького роста, апатичный и вялый. Постояв у трубы минут пять неизвестно зачем, он достает из принесенной им с собою корзины пучок чесноку или луку, краюху хлеба и бутылку кисловатого кваса. Это называется у Анаховича «на хозяйских харчах». Рыбаки научили меня, как нужно пить из бутылки: не прикасаясь к горлышку верхней губой.

Около получаса я сижу у трубы и блаженствую. Потом принимаюсь за свой шпатель опять, а потом бору принесенную с собою метлу и сметаю в одну кучу всю дрянь, которую удается мне соскрести с моей крыши. И радуюсь, когда этой дряни оказывается особенно много: значит, я поработал недаром!

Да, в моей работе есть немало такого, что по-настоящему нравится мне: из недели в неделю проводить свои дни под открытым небом, на такой высоте; сверху глядеть на тот мир,

106

где копошатся тюнтины, барбосы и прошки; видеть добрый результат своих трудов; знать, что в субботу принесешь домой заработанный рубль, — все это вызывает во мне живейшую радость.

Но вначале, на первых порах, когда я, весь измаранный, после работы шагал по тем самым улицам, которые еще так недавно видели меня гимназистом с серебряным гербом на фуражке, я испытывал непреодолимый конфуз. Чтобы не показать никому, что я чувствую себя отщепенцем, я нарочно напускал на себя гордое презрение к насмешливым взорам, которые бросали на меня окружающие. Это была пустая бравада, потому что в душе я испытывал боль.

Но мало-помалу я свыкся со своим положением. Теперь я совершенно равнодушен к тому, что стоящая на балконе мадам Шершеневич, завидев меня, отворачивается, будто нюхает цветы или гладит болонку, и уже не кричит мне, как прежде:

«Здравствуйте! Что вы так согнулись? Вам же не семьдесят лет!»

Впрочем, стоит мне взглянуть как-нибудь ненароком на маму, когда она стирает или шьет, и меня с новой силой охватывает горькое чувство: мне становится жалко и ее и себя. Мама по-прежнему не говорит мне ни слова о постигшей меня катастрофе и даже как будто довольна, что я сразу же взялся за работу. Но она так осунулась и похудела, что мне страшно хочется утешить ее. И мне приходит в голову один восхитительный план, который я и сообщаю ей — тайком от Маруси — как величайшее мое изобретение. План очень простой и естественный, но выполнить его не так-то легко.

— Мамочка, я сделаю все... вот увидишь!

Мама недоверчиво глядит на меня, и тут происходит событие, какого я никогда не забуду: вдруг она притягивает к себе мою голову и крепко целует меня в щеки, в шею, в подбородок, в глаза.

В нашей семье этого обычая не было. Сколько я помню себя, мама никогда не целовала ни меня, ни Марусю. С нами она была неизменно добра, но сурова. Может быть, поэтому ее внезапная ласка так потрясает меня. Я вскакиваю и говорю убежденно:

— Завтра же начну… вот увидишь!

Издали доносятся тоскливые звуки: заиграл на трубе Симоненко. Но теперь в этих звуках мне слышится что-то веселое: какое-то обещание, какой-то призыв.

ГЛАВА ДЕВЯТНАДЦАТАЯ

Я ПРОДОЛЖАЮ УЧИТЬСЯ

С некоторого времени у меня появилось новое и очень важное занятие, которое сделало мою жизнь гораздо интереснее, чем прежде.

Взобравшись с утра на крышу, я раньше всего доставал кусок мела и писал на ней крупными иностранными буквами:

I look. My book. I look at my book.
Ай лук. Май бук. Ай лук эт май бук.[10]

И так далее — строчек тридцать или сорок подряд. А потом долго шагал над этими тарабарскими строчками, пытаясь затвердить их наизусть. Так перед началом работы изучал я английский язык. Специально для этого я купил за четвертак на толкучке «Самоучитель английского языка», составленный профессором Мейендорфом, — пухлую растрепанную книгу, из которой (как потом оказалось) было вырвано около десятка страниц.

Этот Мейендорф был, очевидно, большим чудаком. Потому что он то и дело обращался к читателям с такими несуразными вопросами:

«Любит ли двухлетний сын садовника внучку своей маленькой дочери?»

«Есть ли у вас одноглазая тетка, которая покупает у пекаря канареек и буйволов?»

И все же я готов был исписывать каждую крышу, на которой мне приходилось работать, ответами на эти дикие вопросы профессора, так как в своем предисловии к книге он уверял самым категорическим образом, что всякий, кто с надлежащим вниманием отнесется к его канарейкам и теткам,

---

[10] Я гляжу. Моя книга. Я гляжу на мою книгу (англ.)

в совершенстве овладеет английскою речью и будет изъясняться на языке Джорджа Байрона, как уроженец Ливерпуля или Дувра.

Я всем сердцем поверил ему и по его указке ежедневно писал на железных страницах такую несусветную чушь:

«Видит ли этот слепой незнакомец синее дерево глухонемого певца, на котором сидит, улыбаясь, голубая корова?»

И, хотя было невозможно понять, сидит ли эта странная корова на ветках этого синего дерева или она взгромоздилась на слабые плечи певца, все же при помощи такого сумбура в мое сознание прочно внедрились самые первоосновы английской грамматики.

Словно о высшем блаженстве, мечтал я о том сладостном времени, когда и Шекспир, и Вальтер Скотт, и мой обожаемый Диккенс будут мне доступны, как, скажем, Толстой или Гоголь. Никогда не забуду того сумасшедшего счастья, когда, раздобыв у Людвига Мейера (он же Спиноза) книжку гениального американского писателя Эдгара По, я нашел там стихотворение «Аннабель Ли» и обнаружил, что понимаю в нем чуть не каждое слово. Я сразу же решил, что Аннабель Ли — это Рита Вадзинская, и громко декламировал его во время работы, даже не подозревая о том, что если бы мою декламацию чудом услышал какой-нибудь настоящий британец, он ни за что не догадался бы, что слышит английскую речь. Ибо профессор Мейендорф не научил меня (да и не мог научить), как произносятся английские слова, и я коверкал их наивнейшим образом.

Занимался я в ту пору не только английским.

Раздобыв на толкучке кое-какие учебники и программу шестого класса, я стал по вечерам заниматься алгеброй, латынью, историей, и, странное дело, оказалось, что гимназический курс удивительно легкий, когда изучаешь его без учителей и наставников, не в стенах гимназии, а в «Вигваме».

Нередко приходил ко мне Тимоша, и мы занимались вдвоем.

Мои занятия обрадовали маму, как великий сюрприз. Целый месяц (после того как исключили меня из гимназии) она была уверена, что с моим образованием покончено и что в лучшем случае мне суждено сделаться жалким приказчиком в какой-нибудь жалкой лавчонке. И вот она мало-помалу увидела, что заветнейшая мечта ее жизни, мечта, которую она считала разрушенной, осуществляется, несмотря ни на что.

Словно к дивной музыке, прислушивалась она к нашим занятиям с Тимошей. Количество синих баклажан, вареников с вишнями, дынь и «монастырских» арбузов, которыми она угощала Тимошу, не поддается никакому подсчету. Снова она стала вполголоса петь свои чудесные песни, склоняясь над лоханью или поливая цветы, снова стала смеяться до слез над «Мертвыми душами» и «Паном Халявским». Видя, что на сердце у нее посветлело, я еще пуще старался вникать в «Физику» Краевича и «Латинскую грамматику» Кюнера.

Даже Симоненко стал относиться ко мне благосклоннее.

Как-то в воскресенье я увидел, что он красит ограду своего палисадника в малиновый цвет. Я сбегал домой за кистями и помог ему в этой веселой работе. Очень скоро весь его забор стал малиновый. В порыве благодарности добродушный усач стал совать мне в руку серебряный рубль. Я не взял. Тогда он окончательно растрогался и спросил у меня, не хочется ли мне поступить в полицейский участок помощником писаря.

— Место хорошее, сытное.

Писаря, служившие в полиции, были сплошное жулье и, так как драли с просителей за всякую малость, в самом деле не знали нужды: катались на извозчиках, носили шикарные галстуки, курили сигары и пьянствовали.

У него у самого, у Симоненко, была прибыльная и очень легкая служба. Каждое утро он напяливал на себя полицейский засаленный китель и шел на базарную площадь проверять, не обманывают ли торговцы своих покупателей, не всучивают ли им несвежие овощи и тухлую рыбу? Правильные ли у торговцев весы? Не нужно ли составить протокол о мяснике Лукине, продающем червивое мясо, или о кваснике Чумакове, торгующем беспатентным вином?

Казалось бы, торговцы должны были бояться его и трепетать при его появлении. На самом же деле они приветствовали его как своего лучшего друга.

С таким светлым лицом проходил он мимо их ларьков и товаров, словно лишь затем и явился сюда, чтобы поздравить их с хорошей погодой.

С удовольствием накладывали они в большую корзину, которую несла за ним его дюжая работница Маня, и рыбу, и сало, и кульки со всевозможной крупой, и маслины, и ветчину, и орехи, и самые отборные фрукты и не требовали с нее ни копейки.

И все это оттого, что по своей «доброте» Симоненко охотно предоставлял им возможность спускать покупателям всякую заваль и гниль. Никогда не проверял их фальшивых весов и не штрафовал за «антисанитарное состояние» их лавок.

Это делалось явно, у всех на глазах. И все же... Как ни напрягаю я память, я не могу вспомнить ни единого случая, чтобы кто-нибудь назвал Симоненко бесчестным хапугой и взяточником. Напротив, все в один голос говорили о нем, что он неплохой человек, и все (кроме Маруси и мамы) относились к нему с уважением, завидовали ему и хвалили его. Если кому из соседок были нужны на короткое время утюги, или ступка, или сито, или кофейная мельница, они шли к Симоненко, и он никогда не отказывал им.

Любил подавать милостыню монахам и нищим.

Целовал ручки у мадам Шершеневич.

Усердно молился по праздникам в «Касперовской» церкви сестер милосердия (у нас за углом на Старопортофранковской улице).

И я хорошо помню ту круглую большую мармеладку, которую он подарил мне однажды, когда мне было лет шесть или семь. Я стоял во дворе и ревел, меня обидели какие-то мальчишки, а он вышел из своего палисадника, взял меня на руки и сунул мне в рот мармеладку. Она пахла табаком и селедкой, но мгновенно осушила мои слезы.

Полицейские в нашем городе были такие живодеры,

112

драчуны, грубияны, что добродушный «хабарник» Семен Симоненко казался среди них чуть не праведником.

ГЛАВА ДВАДЦАТАЯ

«АНТИПАТ»

Между тем дела мои становились все хуже.

Работы у Анаховича становилось все меньше. Малярный сезон кончился.

Тот же Анахович устроил меня в артель по расклейке афиш. В артели работали десятки быстроногих мальчишек, причем каждого посылали в определенный район. Мне досталась дальняя окраина. Я стал бегать по переулкам и улицам с ведром клейстера и малярною кистью, изнемогая под тяжестью разноцветных афиш, которые надлежало возможно скорее расклеить на стенах, на заборах и на специальных деревянных колонках, торчавших чуть ли не на каждом углу.

Афиши были такие:

ПРИЕХАЛ ЗНАМЕНИТЫЙ ЗВЕРИНЕЦ ЗЕВЕКЕ!
УХ, КАК ХОРОШО В БАССЕЙНЕ ИСАКОВИЧА!
КАПИТАН ДЕ ВЕТРИО!!!
ЧЕЛОВЕК СО СТАЛЬНЫМ ЖЕЛУДКОМ!
ГЛОТАЕТ РАЗБИТЫЕ БУТЫЛКИ И РЮМКИ!!!
А ТАКЖЕ ЛЯГУШЕК И ЗМЕЙ!!!
ЧРЕВОВЕЩАТЕЛЬ
ПАНТЕЛЕЙМОН ВАНЮХИН
СО СВОИМИ ГОВОРЯЩИМИ КУКЛАМИ.
УТОЧКИН! УТОЧКИН! УТОЧКИН!!!

Эта работа оказалась мне не под силу. Ее сподручнее делать вдвоем — одному и неудобно и тяжко.

Через неделю я бросил ее и по рекомендации усача Симоненко стал давать уроки пожилому военному писарю, которому нужно было усвоить программу четвертого класса гимназии, чтобы получить повышение по службе. Писарь был робкий, обходительный, скромный, но оказался большим скупердяем: так и не доплатил мне двух с половиной рублей. У

114

него была странная фамилия: Головатюк. Попалась мне и другая работа: каждый вечер от семи до одиннадцати читать одной престарелой полковнице Евдокии Георгиевне длиннющие романы из журналов «Родина» и «Нива», причем после первой же страницы Евдокия Георгиевна засыпала и мирно храпела все время, покуда продолжалось мое чтение. Когда же оно подходило к концу, старуха встряхивалась и, делая вид, что не спала ни секунды, горячо восхваляла прочитанное. И платила мне серебряный полтинник.

Эту работу подыскала мне Лека Курындина через одну из своих школьных подруг. По-прежнему Лека относилась ко мне с материнской заботливостью: раздобыла для меня с полдесятка учебников, которые были нужны мне, как хлеб, а на пасху подарила мне английский словарь. А сколько холодных котлет приносила она мне в библиотеку-читальню, куда я забегал по воскресеньям после занятий с Тимошей и Муней!

— Опять почему-то мне дали котлеты. Я терпеть не могу котлет, — говорила она, морща нос и делая смешную гримасу. — Скушай, пожалуйста, а то придется выбросить!

Котлеты были жесткие, сухие, с примесью едкого перца, но я съедал их с большим удовольствием — нужно же было выручить бедную Леку, и, кроме того, аппетит у меня в ту пору дошел до обжорства, должно быть потому, что в последние месяцы я рос с необычайной быстротой. Гимназическая моя куртка (из материи «маренго») стала как-то сразу тесна и узка. К счастью, в конце лета я мог наконец сбросить с себя эту куртку и купить в магазине Ландесмана отличный шевиотовый костюм на скопленные пятнадцать рублей.

Я забыл сказать, что, еще в те времена, когда я работал на крыше, я как-то, возвращаясь домой, увидел издали Риту Вадзинскую.

Сразу меня как кипятком окатил тот восторг, который всякий раз налетал на меня, когда она возникала предо мною на улице,

Как мимолетное виденье,
Как гений чистой красоты.

Теперь она стояла с подругой у кадки мороженщика. Тот

только что снял с головы эту тяжелую кадку, обмотанную белым грязноватым холстом, и стал добывать из ее глубины холодные золотистые шарики «сливочного». Проходя мимо Риты, я от прилива любви и застенчивости сгорбился еще сильнее, чем всегда. И вдруг случилась страшная вещь: не прошел я и двух шагов, как Рита громко засмеялась и сказала мне вслед:

— Боже, какой антипат!

А ее подруга проговорила насмешливо:

— Был гимназистом, а стал трубочистом!

Эти слова ошеломили меня. Я не поверил ушам. Я готов был заплакать от горя. И но только потому, что Рита оскорбила меня, а и потому главным образом, что она оказалась такая пошлая, дрянная девчонка!

«Антипат»! Существует ли на свете более безобразное, более вульгарное слово! И эту-то кривляку я принял за Аннабель Ли! Ей я посвятил мою «Гимназиаду»!

> Зачем не мог я прежде видеть?
> Ее не стоило любить,
> Ее не стоит ненавидеть,
> О ней не стоит говорить!

Впрочем, не успел я повернуть на свою улицу, как мое горе уже совершенно рассеялось и сменилось необузданной радостью.

Словно я освободился от каких-то сетей, опутывавших меня по рукам и ногам.

Особенно же я был рад потому, что теперь наконец-то мне открылась возможность влюбиться в милую Леку Курындину, которая, я уверен, никогда, ни при каких обстоятельствах не могла ввести в свою речь такое мерзкое слово, как «антипат»!

В звуках трубы усача Симоненко мне в этот вечер послышалось столько праздничного веселья и радости, что я чуть не затанцевал на железном листе, прикрывающем нашу помойку.

ГЛАВА ДВАДЦАТЬ ПЕРВАЯ

ВСЕ РАЗЛЕТАЕТСЯ В ПРАХ!

Пожалуйста, не думайте, что с этой минуты все в моей жизни пошло благополучно и гладко.

Ничуть не бывало. Через год у меня появился злейший, коварнейший враг, который чуть было не разрушил все мои планы и замыслы.

Этим врагом был я сам.

Правда, на первых порах я учился усердно: всю премудрость шестого класса одолел настойчивым трудом. Но через год, когда мне предстояло с таким же упорством овладеть программой семиклассников, на меня вдруг напала непреодолимая лень. Словно дьявол вселился в меня. Я забросил учебники, разошелся с Тимошей и, хотя хорошо сознавал, что каждый день моей праздности ведет меня к верной погибели, ничего не мог поделать с собою и в конце концов стал отъявленным лодырем.

То была самая постыдная полоса моей жизни.

Началась она очень невинно — с увлечения Уточкиным.

Уточкин в то время еще не был прославленным летчиком, да и самолетов тогда еще не было.

Молодой, по-молодому веселый, он тогда лишь начинал свою карьеру как чемпион велосипедного спорта, и не существовало на свете такого гонщика — ни иностранца, ни русского, который мог бы хоть раз обогнать его на нашем городском циклодроме.

Если бы мне в ту пору сказали, что в мировой истории были герои, более достойные поклонения и славы, я счел бы это клеветою на Уточкина. Целыми часами просиживал я вместе с другими мальчишками под палящим солнцем верхом на высоком заборе, окружавшем тогда циклодром, чтобы в конце концов своими глазами увидеть, как Уточкин на какой-нибудь тридцатой версте вдруг пригнется к рулю и вырвется

117

вихрем вперед, оставляя далеко позади одного за другим всех своих злополучных соперников — и Богомазова, и Шапошникова, и Луи Першерона, и Фридриха Блитца, и Захара Копейкина, — под неистовые крики толпы, которая радовалась его победе, как собственной.

— Уточкин! Уточкин! Уточкин! — кричал я в исступлении вместе с толпой, чуть не падая с забора вверх тормашками.

Товарищи мои — Муня Блохин, Лобода, Бондарчук — тоже любили Уточкина и тоже посещали циклодром. Но их увлечение никогда не доходило до страсти, я же отдал Уточкину всю свою пылкую душу: не пропускал ни одного из его состязаний с румынскими, бельгийскими, итальянскими гонщиками и был беспредельно счастлив, когда однажды увидел его и гастрономическом магазине «Братьев В. И. и М. И. Сарафановых», в котором он как обыкновеннейший смертный покупал сосиски и вино.

Заметив мой восторженный взгляд, он взъерошил мне волосы своими рыжими короткими пальцами. Для меня это было великим событием, которым я гордился перед всеми мальчишками. И как они завидовали мне!

Добро бы, у меня не было других увлечений! Но нет: с такой же сумасшедшей, бессмысленной страстью я стал увлекаться бумажными змеями.

Вновь меня захватила мечта: создать такой замечательный змей, который мог бы схватиться со змеем Печенкина и победить его в воздушном бою.

Для этого мною (с великими трудностями!) была добыта чудесная бечевка, которая называлась у нас «английский шпагат», и огромный лист светло-синей чертежной бумаги. Все эти сокровища я снес к Леньке Алигераки, с которым и решил соорудить сверхмощный, боевой гигант.

— Это будет змеюга, уй-юй-юй! Мы так и назовем его: «Смерть печенкинцам!»

С этого времени и начинается моя измена маме, Марусе, самому себе. Каждое утро, вместо того чтобы засесть за учебники, я прихожу к Леньке в заброшенный старый сарай.

Там, насупив свой крохотный лобик, Ленька, маленький, невероятно длинноносый мальчишка с черными маслянистыми глазками, сидит на полу среди кучи всякого тряпья, весь поглощенный изготовлением змея. Увидев меня, он всякий раз говорит:

— Хорошо, что ты пришел подсоблять!

Но моя помощь ему совсем не нужна. Я необходим ему лишь как почтительный зритель, перед которым он может красоваться и важничать. Мастерит ли он бамбуковую раму для змея, мерит ли камышинкою змеиную «путу», завязывает ли узлы на хвосте, он жаждет одобрений и похвал. А если я забываю его похвалить, он сам принимается восхищаться собою:

«Глазомер у меня — прямо циркуль!»

«Клейстер я сварил — хоть железо приклеивай!»

Через три-четыре дня змей готов — огромный змеюга, величиною с теленка. Охрой и суриком я малюю на нем пучеглазую рожу, под которой подписываю большущими печатными буквами:

«Смерть печенкинцам!»

Потом мы перематываем восьмерками весь английский шпагат на длинную дубовую чурку, прячем змея за яслями под воловым навесом и ждем хорошего ветра, чтобы змей поднялся в небеса и там схватился со змеем Печенкина.

Но целую неделю стоит штиль. Наконец в воскресенье к полудню белье, висящее во дворе на веревке, начинает шевелиться и дергаться и вдруг, как по команде, вздымается вверх. По небу с моря бегут облака. Ветер, ветер, — и с каждой минутой сильней. По улицам носится пыль, засоряя прохожим глаза.

Девочки, выходя за ворота, визжат и прижимают свои юбки к коленкам. Пора! Я взбираюсь со змеем на крышу и держу его двумя руками за края. Ленька внизу подо мною долго стоит неподвижно и вдруг кричит мне отчаянным голосом: «Хоп!» — бросает на землю пузатый моток и, пропуская нитку через левый кулак, бежит что есть духу по длинному двору к воротам.

Змей, хлестнув меня хвостом по лицу, медленно взлетает над домами, а там его подхватывают веселые вихри и дружно несут в высоту.

Я прыгаю с сарая во двор и, возбужденный, счастливый, перехватываю у Леньки конец бечевы:

— Уй-юй-юй, как тянет!

Кажется, что и змей так же счастлив, как мы: весело помахивая длинным хвостом, он не егозит, не суетится, не ерзает по небу, но гордо и спокойно парит в вышине.

Я выпускаю еще двадцать или тридцать аршин бечевы, он легко взмывает еще выше, весь позолоченный солнцем, и теперь уже всякому видно — из далеких и близких кварталов, — какой он силач и красавец!

Отовсюду сбежались мальчишки, и каждый просит, чтобы ему «на секундочку» дали подержать бечеву. Мне очень хочется порадовать их, но Ленька рявкает на них страшным голосом, и они в испуге умолкают.

А что же Печенкин? Конечно, он понял, что тягаться с нашим гигантом ему не под силу, и, не желая позорить себя, держит свой змей на земле, где-нибудь в темном подвале. Воображаю, как он злится и бесится вместе со своими печенкинцами и как все они завидуют нам!

Так проходит час. Мы блаженствуем. И вдруг из-за невысоких конюшен соседнего дома как-то робко и даже застенчиво выплывает в небо печенкинский змей! Каким он кажется неказистым и маленьким! На что он годится, этот жалкий малыш? Ведь бечева у нас в тысячу раз крепче печенкинской, и пусть он только попробует завязать с нами бой — тут ему и будет капут!

Мы заранее торжествуем победу и громко кричим «ура», когда плюгавый печенкинский змей пытается приблизиться к нашему.

Но тут происходит невероятная вещь: наш гордый, могучий, спокойный гигант начинает суетиться, метаться и, вдруг прочертив в небе огромный зигзаг, падает с высоты как подстреленный куда-то на далекие улицы, на далекие деревья или крыши, и в руках у нас остается ненужная, слабая нить.

Ленька дико взвизгивает и в отчаянии садится на землю.

— Негодяй! — кричу я ему, задыхаясь от ярости. — Это ты, это ты, это ты виноват!

И набрасываюсь на него с кулаками.

Мы барахтаемся в пыли и грязи. Он извивается, кусает мне руки, вонзается ногтями в мое ухо и дико ревет, а из-за невысокой стены слышно, как на соседнем дворе гогочут от восторга печенкинцы.

В этой катастрофе и правда виноват один Ленька.

Самонадеянный, самодовольный бахвал, он уверил меня, что тот хвост, который он смастерил для змеюги, — чудесный, замечательный хвост, так как он, Ленька, собственноручно изготовил его из пестрых лоскутков и тесемок, крепко-накрепко связав их между собою узлами. Узлы-то были крепкие, да лоскутки и тесемки — гнилые. Попадалось среди них и мочало, совсем уж непригодное для такого большого змеюги.

Об этом я сказал ему раньше, но он только сплюнул презрительно. Вообще он был такого высокого мнения о себе, о своем мастерстве, что мало-помалу и я уверовал в его непогрешимость. Всегда как-то веришь самоуверенным людям, — по крайней мере, со мною это бывало всегда.

Но злодей Печенкин был умнее. Поняв, что нитку нашего змеюги ему никогда не порвать, он зашел, так сказать, с тыла и одним сильным рывком без особого труда отодрал у воздушного щеголя его пышный, но хилый хвост. А змей без хвоста — словно камень: ни на миг не удержится в небе.

Чтобы спасти хотя бы часть бечевы, нам нужно было, чуть только произошла катастрофа, собрать во дворе уцелевшую нить и тотчас же сломя голову бежать из ворот в те переулки и улицы, близ которых свалился змей. Вместо этого мы с Ленькой в припадке бессмысленной злобы долго тузили друг друга, барахтаясь на грязной земле, к великому удовольствию быстроногих печенкинцев, которые, ни минуты не мешкая, побежали гурьбой в те места, где протянулась драгоценная нить, и мигом расхватали ее по клочкам.

121

Весь в синяках, с подбитым глазом, в изодранной куртке, взъерошенный, несчастный и жалкий, приплелся я в тот вечер домой. И до чего мне было стыдно садиться вместе с мамой за стол, есть ее кашу, ее брынзу, ее борщ, ее хлеб! С каким негодованием смотрела на меня в тот вечер Маруся, и какую я провел ужасную бессонную ночь! По ночам я с особенной ясностью видел все постыдное безрассудство своего поведения, тысячу раз называл себя дармоедом и трутнем, злостным растратчиком своих лучших годов, тысячу раз давал себе слово исправиться, воротиться к труду и к учению, но наступало утро, и меня снова тянуло на улицу, либо в гавань к пароходам и парусникам, либо на велосипедные гонки, либо на пожар, либо на бой петухов, либо просто гонять голубей усача Симоненко, лишь бы не прикасаться к учебникам, которых я избегал как огня.

Мама за все это время ни разу не бросила на меня сердитого взгляда, но стоило мне появиться в дверях, как веки и брови у нее начинали дрожать, а румяные губы сжимались.

Однажды, проходя по Ново-Рыбной, я увидел попа Мелетия. Он казался таким добрым и красивым и так ласково отвечал на поклоны прохожих! Но я шарахнулся от него, как от буйвола. Я не мог допустить, чтобы он, погубивший меня, мог злорадствовать, увидев, каким я сделался одичалым и жалким.

Разгильдяйство мое продолжалось месяца три, даже больше, и за это время я раз навсегда всем своим сердцем почувствовал, какая смертельная скука с утра до ночи искать развлечений; я увидел, что быть шалопаем — это мучительный труд, что безделье не только позор, но и боль.

Впрочем, этой боли я никому не показывал, а, напротив, щеголял перед всеми своей бесшабашной разнузданностью. Мне и сейчас горько вспомнить, с каким ужасом взглянула на меня Лека Курындина, когда в ответ на все ее упреки и жалобы я, неожиданно для себя самого, произнес хулиганскую брань, которой устыдился в тот же миг. Жильцы в нашем доме стали сторониться меня, а стряпуха биндюжников Мотя, встречая меня, приговаривала:

— От как худо дитю без батька! Был бы у тебя в доме папаша, не вышла бы из тебя шантрапа.

В июле я окончательно отбился от дома и не видел ни Маруси, ни мамы. Маме ни с того ни с сего я наговорил омерзительных грубостей, о которых мне и теперь очень совестно вспомнить, и в порыве какой-то бессмысленной злобы заявил, что ухожу навсегда. Нечесанный, без фуражки, в рыжих и рваных ботинках, очень худой и голодный, я стал слоняться без всякого дела по раскаленному городу.

Единственной моей компанией стали печенкинцы. По целым часам я ловил с ними рыбу, охотился за тарантулами, играл до одурения в орлянку и, если выигрывал две-три копейки, покупал себе хлеба и квасу.

Еще хорошо, что на Большой Арнаутской в глубоком подвале жила со своим мужем рябая Маланка — та самая, что помогала моей маме возиться с бельем. Когда меня слишком уж мутило от голода, я спускался к Маланке по крутым, осклизлым и кособоким ступенькам, и она кормила меня то помидорами, то мамалыгой, то рыбой. Позже я узнал от нее, что всю эту еду — и мои любимые вареники с вишнями — ей тайком давала для меня моя мама.

Спать я уходил на берег моря. Там в большой шаланде старого рыбака Симмелиди можно было отлично устроиться на ночь. Но вскоре о шаланде проведали и другие мальчишки, такие же бездомные, как я. Они забирались туда еще с вечера и, едва только я появлялся, швыряли в меня камнями и комьями глины. (Их было трое, и они были старше меня.) Приходилось ложиться на голый песок, который к утру становился невыносимо холодным.

Не знаю, что стало бы со мной, если бы эта праздная, нелепая и горькая жизнь затянулась до зимних морозов. Должно быть, я стал бы бродягой и умер бы где-нибудь под снегом в степи.

ГЛАВА ДВАДЦАТЬ ВТОРАЯ

ЖИЗНЬ НАЧИНАЕТСЯ СНОВА

Спасла меня, как это ни странно, инфлуэнца, — тяжелая болезнь, которая теперь чаще называется: грипп.

Эпидемия инфлуэнцы в то время нагрянула на наш город впервые. Тогда эту болезнь не умели лечить, и многие от нее умирали.

Заболел инфлуэнцей и бедный Тимоша. Он долго провалялся в постели и сильно отстал от класса.

Попечитель учебного округа фон Люстих в виде особой милости разрешил ему держать экзамены осенью.

Ничего этого я не знал, так как уже несколько месяцев не встречался ни с одним из своих школьных товарищей. Но вот Тимошина сестра, «разноцветная» Лиза, увидела меня как-то в гавани на Новом молу, где я вместе с одним из печенкинцев ловил себе на ужин бычков.

Она вихрем налетела на меня и потребовала, чтобы я сию же минуту отправился вместе с нею к Тимоше, потому что он болен, скучает и давно уже хочет повидаться со мной.

Я сказал ей с наигранной грубостью, что знать не хочу никакого Тимошу. И все же на следующий день рано утром меня так потянуло к нему, что, кое-как почистив свою обувь и пригладив непослушные космы, я поплелся по знакомой дороге к причудливому дому-кораблю.

Вот и море, спокойное, бледно-сиреневое, словно оно полиняло на солнце. Вот и несносные чайки, которые надоедливо кружатся над ним. Вот и узкая корабельная лестница, вот и балкон, а на балконе под тентом — Тимоша, похудевший и слабый: щеки стали серые, а уши торчат, как еще никогда не торчали. Он сидит среди книг и тетрадей, и тут же аптечные склянки с лиловыми и желтыми рецептами.

Увидев меня, он до того взволновался, что не может выговорить ни единого слова.

Я сижу нахохлившись и тоже молчу.

Наконец он заговаривает — почему-то о чайках: какие они противные, жадные.

Заикается он еще сильнее, чем прежде, и я вижу, что ему очень стыдно и своей слабости, и своего заикания. Это доставляет мне радость: я ведь думал, что он будет смотреть на меня свысока, с той оскорбительной жалостью, с которой смотрят на меня все окружающие, а он, оказывается, даже завидует мне и сам нуждается в том, чтобы его пожалели.

Едва только я чувствую это, мне и в самом дело становится жалко его, и, когда он показывает мне задачу по алгебре, которую ему не удается решить, я, чтобы щегольнуть перед ним, напрягаю все силы ума, и, к немалому своему изумлению, безошибочно решаю ее. Он показывает вторую задачу, каверзную задачу о двух поездах. Мы долго бьемся над нею вдвоем, и в конце концов я победоносно решаю ее.

Потом мы сделали перевод из «Энеиды» Вергилия, и как-то само собою вышло, что, уйдя от Тимоши, я не пошел ни к печенкинцам, ни на циклодром, ни на похороны генерала Подушкина, а тихонько взобрался на чердак и вытащил из-под сена учебники, провалявшиеся так долго в «Вигваме».

Самой нежной и радостной была моя встреча с «Английским самоучителем» профессора Мейендорфа. Я готов был расцеловать эту книгу и почувствовал себя безмерно счастливым, когда вновь на ее страницах предо мной замелькали немые певцы да одноглазые тетки, покупающие в пекарнях канареек и буйволов. Я по сей день благодарен этому чудаку Мейендорфу: если бы не его сумасбродный учебник, я никогда не мог бы читать в подлинниках ни Шекспира, ни Вильяма Блэйка, ни Кольриджа, ни Шелли, ни других величайших английских поэтов, которых полюбил на всю жизнь.

На следующее утро я, после долгих колебаний, с мучительным чувством стыда, вошел наконец — виноватый и робкий — в прихожую нашей квартиры, откуда так позорно бежал. Мама стояла и гладила. Я был почему-то уверен, что она встретит меня градом упреков и что мне придется плакать перед нею и каяться. Но она взглянула на меня со своей обычной спокойной приветливостью, словно я и не уходил никуда, и сказала самым обыкновенным, но чуть дрогнувшим голосом:

— Борщ — в духовке, а бублики — на столе под салфеткой.

Зато Маруся, сидевшая тут же за книгой, смерила меня уничтожающим взглядом и, видимо, хотела сказать что-то очень язвительное. Но сдержалась и сказала беззлобно:

— Я на твоем месте пошла б и постриглась.

И снова уткнулась в книгу.

С этого дня я опять принялся за работу. Каждое утро, сунув за пазуху заготовленный с вечера большущий бутерброд с колбасой или салом (который я съедал на ходу), я спускался по знакомому откосу к Тимоше — одолевать вместе с ним физику, латынь, древнегреческий. Так как мы с Тимошей еще раньше замечательно спелись в совместных трудах над учебниками, дело у нас быстро наладилось, и через какой-нибудь месяц у меня возродилась надежда, что я непременно сдержу свою клятву, данную маме в ту лунную ночь. И, когда я возвращался к себе на чердак, чувствовал, что никакие соблазны уже не собьют меня с прямого пути.

Бесовское наваждение кончилось, и теперь уж никогда в жизни я не поддамся ему.

ГЛАВА ДВАДЦАТЬ ТРЕТЬЯ

УДИВИТЕЛЬНЫЙ СЛУЧАЙ

В те печальные месяцы, когда, отбившись от дома, я стал вести бессмысленную уличную жизнь бездельника, я почти ничего не читал. Теперь я с жадностью набросился на чтение и стал глотать в необъятном количестве книги и книжки, какие только мне удавалось добыть. Прочитал всего Диккенса, Смайльса, Спенсера, Бокля. Прочитал Лескова и Тургенева. Особенно взбудоражили меня сочинения Писарева, которые дал мне Иван Митрофаныч.

— Только, чур, никому не показывай.

Прочтя эти сочинения с ребячьим восторгом, я сразу почувствовал себя «критически мыслящей личностью» и ни с того ни с сего заявил оторопелой Марусе, что отныне я считаю зловредными и танцы, и музыку, и другие искусства, потому что они, сказал я, «тормозят человечество на его многотрудной дороге к прогрессу».

Маруся назвала меня жалким вандалом, но по ее тону я почувствовал, что она втайне любуется мною, так как, в сущности, ей очень приятно, что ее брат научился свободно орудовать такими словами, как многотрудная дорога, прогресс, человечество, и хорошо понимает, что такое вандал.

Впрочем, в своем вандализме я оказался не слишком-то тверд. Не прошло и месяца, как под музыку скрипок, фаготов и флейт я лихо отплясывал кадрили и польки на свадьбе Циндилиндера и Цили, бессовестно забывая о том, что моя бессмысленная пляска «тормозит человечество на его многотрудной дороге к прогрессу».

А Тимоша настолько поправился, что к концу сентября, после того как он сдал все экзамены, он стал выходить со мной в море на таможенной шлюпке «Тайфун». Грести он не мог, все еще был слаб, как старик: мешковато сидел на корме и командовал. А гребцами были мы, я и «разноцветная» Лиза.

Однажды мы взяли с собою Леку Курындину, которая почему-то смертельно боялась морских путешествий.

Не думаю, чтобы эта прогулка доставила ей удовольствие: вежливый и деликатный Тимоша становился в море непростительно груб.

Когда Курындина сказала про лодочную скамейку — скамейка, он притворился, что не понимает ее. Скамейку надо было называть по-морскому: банка.

А когда я осмелился через две-три минуты назвать его суденышко лодкой, он с негодованием сказал:

— Лодок не б-б-бывает на свете. Это для К-курындиной — лодка. А для моряков это шлюпка. Или баркас. Или шаланда. Или бот. Или ялик. А слово «лодка» это К-курындина выдумала.

Через несколько времени он скомандовал Леке, чтобы она подала ему вымпел, а она не знала, что вымпел это маленький белый флажок, и подала ему ковшик, лежавший на дне. Он посмотрел на нее с таким отвращением, что она заплакала, и нам пришлось пришвартоваться к деревянным ступенькам какого-то мола. Когда она вместе с Лизой оставила нас, он долго бубнил о бестолковых девчонках, которые набьются в шаланду, как куры в курятник, и давай визжать:

Нелюдимо наше море! —
а сами не знают, где нос, где корма.

Но чуть только кончилось плаванье и мы вступили на таможенную пристань, он снова превратился в Тимошу, добродушного, застенчивого, скромного малого.

С Лекой мы вскоре сдружились опять. К осени она достала мне чудесный урок: я должен был заниматься латынью с двумя шустрыми и неглупыми мальчиками. Их отец был молдаванин, капельдинер городского театра по фамилии Вартан, солидный, представительный мужчина, с бритым актерским лицом. Мало того что он платил мне огромные деньги — двенадцать рублей ежемесячно, он пускал меня бесплатно на галерку театра, где я впервые слышал (в исполнении Фигнеров, знаменитых певцов) и «Кармен», и «Пиковую даму», и «Гугенотов», и «Евгения Онегина».

К тому времени дела мои сильно поправились: приехал дядя Фома, все такой же чернобровый красавец, и подарил мне свою деревенскую свитку, — правда, не новую, даже заплатанную, но это-то и придавало ей особую прелесть. Я раздобыл на толкучке мохнатую облезлую шапку и чувствовал себя в этой одежде отлично.

Наступила весна, пришло лето. Жизнь наша мало-помалу наладилась.

И вдруг случилось страшное событие, которое налетело на меня, как гроза. Даже сейчас, через столько лет мне больно воскрешать его в памяти.

Началось с того, что мадам Шершеневич, гулявшая со своими болонками мимо нашего дома, вдруг крикнула мне издали:

— Здравствуйте!

Я удивился, так как она давно уже перестала здороваться со мною.

— Здравствуйте, здравствуйте! — повторила она, сияя черными веселыми глазками. — А ваш-то Циндилиндер... или как его?.. Шток или Штосе?.. Вот так артист! Вы подумайте!.. Но я всегда говорила... всегда...

— Юзя Шток? Циндилиндер? Что с ним такое? — спросил я.

— Уж будто не знаете! — засмеялась она. — Это же ваш первый дружок... Вы-то лучше всех должны знать!

И, продолжая смеяться, ушла.

Я встревожился. Чему она рада? Что с ним случилось, с Циндилиндером? Давно я не видел его.

Он живет на Большой Арнаутской в том же доме, где теперь поселилась Маланка. Я побежал к нему с каким-то нехорошим предчувствием. Вот и его двор — очень длинный и узкий, сверху донизу набитый жильцами. Таких дворов немало в нашем городе. Все их жильцы копошатся не в комнатах, а тут же во дворе, у своих керосинок, корыт и кастрюль: тут они жарят скумбрию на подсолнечном масле, тут же, не отходя от порога, выливают грязные помои; тут же ссорятся, ругаются, мирятся — и непрерывно весь день с утра до вечера кричат на бесчисленных своих малышей, которые тоже кричат, словно дикие.

Когда, бывало, ни войдешь в этот двор, кажется, что там произошла катастрофа — обрушился дом, или кого-нибудь режут, — между тем это обыкновеннейший двор, до краев заселенный южанами, которые просто не способны молчать.

Замолкает этот двор лишь тогда, когда июньское или июльское солнце слишком уж сильно накаляет его. В эти часы все население двора, спасаясь от беспощадных лучей, прячется за плотными ставнями в своих душных и тесных каморках и мирно дремлет под жужжание бесчисленных мух.

Но едва только появляется во дворе первая предвечерняя тень, все окна распахиваются, люди снова выбегают во двор, и начинается все та же крикливая жизнь, которая затихает лишь позднею ночью под великолепными южными звездами.

По такому двору идешь как сквозь строй. Десятки любопытных, пронзительных глаз встречают и провожают тебя, и, покуда дойдешь до конца, к тебе уже приклеено какое-нибудь едкое прозвище, определяющее всю твою суть.

Я подхожу к одной женщине, которая, деловито наклонясь над полулежащей черноволосой соседкой, ищет у нее в голове насекомых:

— Где здесь живет Юзя Шток?.. Циндилиндер?..

Чуть только я произношу это имя, черноволосая вскакивает и подзывает какого-то лысого в рваной жилетке.

— Он спрашивает Штока-Циндилиндера! — кричит она ему таким звонким и радостным голосом, словно сообщает ему смешной анекдот.

Лысый смотрит на меня с изумлением и, повернувшись к старухе в пунцовом капоте, показывает ей на меня:

— Он спрашивает Штока-Циндилиндера!

И оба смеются. И вместе с ними смеется весь двор.

ГЛАВА ДВАДЦАТЬ ЧЕТВЕРТАЯ

ГДЕ ПРАВДА?

А с разных концов двора сбегаются люди — молодые и старые — и целая орава детей. Они рассматривают меня с любопытством. Наконец один из них, красноносый, с аршином в руке, очевидно, портной, говорит мне с преувеличенной вежливостью:

— Вы ищете Циндилиндера-Штока? Если вам так интересно иметь его адрес, пожалуйста, я могу вам сказать. — И он подмигивает кому-то в толпе. — Возьмите карандаш, запишите: Куликово поле, городская тюрьма, номер камеры... там вы узнаете.

Новый взрыв общего дружного смеха. Очевидно, красноносый считается здесь остряком.

Циндилиндер в тюрьме? Что за чушь! Я протискиваюсь сквозь обступившую меня густую толпу и спускаюсь к Маланке в подвал. Она рассказывает мне странные, невероятные вещи: мой милый Циндилиндер, которого и мама и я — да и все в нашем доме, даже полицейский усач Симоненко, — считали таким честным, таким благородным, которому все мы поверили, что он давно уже отошел от своей уголовной «профессии», — оказался дерзким и бесстыдным мошенником: на прошлой неделе во вторник забрался ночью в пустую квартиру мадам Чикуановой и дочиста ограбил ее. Вынес оттуда все самое ценное: шкатулку с дорогими вещами, серебряные ложки, золотые часы и даже зонтик ее маленькой внучки, детский зонтик, который ей привезли из Японии...

— Брехня, — говорю я. — Никогда не поверю, что Циндилиндер... что Юзя...

Но тут поднимается с кровати лохматый Савелий, Маланкин муж. Это мрачный, косолапый и сонный неряха, заросший бородой чуть не до самых бровей. Про него говорили, что вот уже несколько лет он никогда не снимает ни шапки, ни огромных своих сапожищ. До сих пор не могу я понять, почему Маланка, молодая, хорошенькая и неглупая девушка, с мягким голосом, с тихой улыбкой, могла выйти за такое чудовище.

Подвал, в котором ютятся они оба с Маланкой, только называется подвалом, а на самом деле это погреб, очень глубокий, без окон. Круглые сутки горит в нем керосиновая вонючая тусклая лампочка и стоит такая ужасная сырость, что хлеб, принесенный из лавки, уже через два-три часа становится тяжелым и мокрым, словно его долго держали в воде.

— Брехня?! — говорит Савелий и надвигается на меня угрожающе. — Так, значит, я, по-твоему, брехун.

Оказывается, он был понятым, когда полиция делала у Циндилиндера обыск (понятой — это официальный свидетель), и видел своими глазами, как у Циндилиндера под досками пола нашли и шкатулку мадам Чикуановой, и ее ножницы, и ее гребешок, и ее носовые платки, и японский зонтик ее маленькой внучки. Конечно, Циндилиндер клялся и божился, что не знает, откуда у него эти вещи, но мадам Чикуанова, чуть только увидела их, закричала, что все эти вещи ее, что они украдены у нее из квартиры во вторник, когда она ездила к сыну на дачу. А Циндилиндер во вторник…

Дальше я не слушал. Так вот оно что! Значит, все эти годы Циндилиндер ловко обманывал нас, разыгрывал из себя простака, а на самом деле остался таким же мазуриком, каким моя мама застигла его года четыре назад на подоконнике соседнего дома, когда он швырнул в нее цветочным горшком за то, что она помешала ему воровать. А мы верили ему, как лучшему другу, верили, что под нашим благотворным влиянием он совсем, совсем переменился. И Циля — она тоже поверила. Бедная Циля. Ведь она не позволяла ему взять без спросу чужую булавку или коробочку спичек. Как мучится она теперь, когда вдруг обнаружилось, что она связала свою жизнь с грабителем! Но что, если и она… нет… это никак невозможно!

Во рту у меня пересохло. Ноги до того ослабели, что я должен был опуститься на стул.

Между тем Савелий продолжал:

— И Цильку забрали... Как же!.. Известно: жена. Там из нее вышибут золотые часы, будь покоен... Там подстригут ее мерзенные[11] когти.

Оказывается, Циля, когда ее во время обыска спрашивали, куда она девала украденные Циндилиндером золотые часы, пришла в такую безумную ярость, что стала царапаться, визжать и кусаться.

— Укусила Карабаша — надзирателя... А у него знаешь какие кулаки — ого-го!

Не помню, как выбрался я из этого мрачного погреба, как попрощался с Маланкой, как добрел до нашей Новорыбной.

Скорее к Симоненко! Он знает... Ведь он околоточный... Он не может не знать.

К счастью, он тут, у себя, в палисаднике. Сидит под шелковицей, благодушный, седой, в белой вышитой украинской рубахе и, лениво отгоняя назойливых ос, пробует вишневую наливку. Лицо у него спокойное, круглое, доброе. Тут же на столе, перед ним, его медный корнет а пистон, на котором он зудит каждый вечер.

— Что это ты так запыхался?

— У меня к вам дело... очень важное.

— Дело? Садись и рассказывай. Уж не надумал ли идти в писаря?

— Нет! У меня к вам другое...

— Погоди! — говорит он. И, не повернув головы, громко кричит в раскрытое окно своей кухни: — Стакан!

Марья приносит стакан и со стуком ставит его передо мною. Но мне даже противно подумать о приторной вишневой наливке.

— Пей! Холодная! Или, может быть, пива?..

Но я отодвигаю стакан. И тут только вижу, как сильно дрожат мои руки, будто я пронес на плечах трехпудовый мешок.

---

[11] Мерзенный (укр.) — гнусный

— Циндилиндер... — говорю я, запинаясь. — Вы знаете его... Юзя Шток...

Глаза у Симоненко становятся круглыми.

— Ворюга! Шарлатан! — кричит он. — Не хочет жить честным трудом. Польстился на чужое добро!

Я смотрю на него с удивлением. «Не дико ли, — думаю я, — что этот взяточник, у которого во всем его доме нет ни одного куска сахару, ни одной крошки хлеба, заработанных честным трудом, с такой искренней ненавистью кричит о «ворюге», «польстившемся на чужое добро».

Симоненко между тем успокаивается и говорит своим мягким, доброжелательным голосом:

— По дружбе советую: не суйся ты в это грязное дело. Говорю тебе любя, от души. Потому что... как бы и тебя не притянули к нему... Все знают, что вы с этим... как его? Циндилиндером друзья-приятели. Притянут, не вывернешься. Тем более что ты незаконный... Нет папаши, чтобы за тебя заступиться...

Я, не прощаясь, выбегаю на улицу и сейчас же слышу у себя за спиной тошнотворные звуки трубы.

Нужно спешить на урок, я и так опоздал. Бегу по Базарной, оттуда на Пушкинскую.

— Неужели, — говорю я себе по дороге, — они оба, и Циндилиндер и Циля, такие гениальные актеры, что могли столько лет притворяться, разыгрывать из себя благородных людей? Стала бы Циля за такие гроши работать с утра до ночи на фабрике «Глузман и Ромм», если бы ее муж был грабитель, всегда имеющий возможность раздобыть для нее и платья, и золотые часы?

Когда я пришел на урок и рассказал обо всем, что случилось, Вартану, он без всяких колебаний сказал:

— Это часто бывает. Еще бы! Удалось же такому кровопийце, как Яго, — помните в «Отелло» у Шекспира? — притворяться защитником правды и чести.

Похожий на актера капельдинер Вартан всегда говорил как на сцене. Он служил при театре смолоду и на своем веку перевидал такое великое множество пьес, что ему было нетрудно припомнить, сколько там выведено лукавых злодеев, скрывающихся под масками честнейших людей.

Да и мне вдруг ни с того ни с сего припомнился матерый разбойник Джон Сильвер из «Острова сокровищ» Стивенсона, злой и коварный пират, искусно притворявшийся перед своими хозяевами, что он служит им верой и правдой.

ГЛАВА ДВАДЦАТЬ ПЯТАЯ

СУД

Воротился я домой только к ужину. Мама уже знала от Маланки, что Циндилиндер и его жена арестованы.

— Подумать только, какие они хитрецы! — сказал я, присаживаясь на кухне к столу. — Притворялись такими святошами, а мы, дураки, им поверили.

Мама помолчала немного и сказала медленно, тихо, без всякой запальчивости, словно взвешивая каждое слово:

— Как ты себе хочешь, а я и сейчас все такая же дура. Верю, что они оба невиновны, и Циля и он.

— Какая ты странная! — сказала Маруся своим рассудительным и укоризненным голосом, не допускающим никаких возражений. — Подумай сама: разве нашли бы у тебя, например, и зонтик, и шкатулку… и другие вещи мадам Чикуановой, если бы ты не похитила их. Ведь это абсолютно прямые улики, и сомневаться никак невозможно.

— Не знаю, что такое абсолютно прямые улики, — ответила мама все так же медлительно, — но знаю, что Циндилиндер — не вор.

Однако тот похожий на Собакевича тучный судья, перед которым через две-три недели предстали Циндилиндер и Циля, держался другого мнения: он был непоколебимо уверен, что перед ним самые настоящие воры.

Напрасно Циндилиндер доказывал, что в ночь, когда была ограблена квартира мадам Чикуановой, он вместе с Цилей гулял на именинах у Цилиной тетки, где они и остались потом ночевать, судья только усмехнулся презрительно и потребовал от подсудимых, чтобы они не пробовали обмануть правосудие, а без обиняков сообщили суду, куда они девали золотые вещи мадам Чикуановой, ее бриллианты, серебро и посуду, оцененные в три тысячи рублей.

В ответ на это Циля сказала еле слышным, придушенным голосом:

— Убейте, зарежьте меня… а я не…

И тихо заплакала.

(Позже я узнал, что ее сильно избили в участке.)

Циндилиндер, с измученным лицом, с потухшими глазами, твердил монотонно и вяло, что ни зонтика, ни часов, ни шкатулки он и в глаза не видал, но старый судья, очевидно, привык с давних пор не верить таким заявлениям, так как все воры всегда на суде утверждают, будто они не виноваты ни в чем. Да и голос у Циндилиндера был какой-то неуверенный, равнодушный и скучный. Так ли говорят невиновные люди, протестуя против ложных обвинений?

Было похоже, что судья очень куда-то спешит, а ему предстояло осудить за сегодня еще человек десять, не меньше. Он поминутно смотрел на часы и каждому свидетелю отрывисто рявкал:

— Короче, короче!

Одного лишь свидетеля он выслушал с самым серьезным вниманием. Это был Георг Дракондиди (то есть попросту — Жора), которого еще так недавно все мы считали глухим. Пополневший, в отличном костюме, Георг Дракондиди внушительно поведал суду, что подсудимый в таком-то году ограбил на базаре ларек мещанина Корытникова, а в таком-то году очистил дачу вдовы титулярного советника Эрлиха и похитил у потомственного почетного гражданина Пантюшкина все его белье с чердака.

Этого свидетеля судья выслушал с большим уважением. Потом снова посмотрел на часы и встал, чтобы произнести приговор.

Но тут к нему подошел секретарь, молодой человек с университетским значком, и стал торопливо шептать какие-то слова и показывать какую-то папку с бумагами. Судья насупился. Но секретарь зашептал еще более настойчиво, вытащил из папки большую бумагу, после чего судья, не скрывая досады, потребовал, чтобы часовые увели подсудимых, так как дело Иосифа Штока и его жены Цицилии Шток, обвиняемых по таким-то и таким-то статьям, подлежит подробному доследованию.

Я поспешил на Новорыбную сообщить про сегодняшнее судбище маме, но у нее как нарочно разыгралась мигрень. Мама лежала на диване как убитая, с изжелта-бледным лицом, с почерневшими веками.

Я начал было рассказывать ей о показаниях Жоры, но Маруся сделала мне знак «уходи», и я удалился на цыпочках, так как во время мигрени маме было больно от всякого шума.

На улице я увидел — кого бы вы думали? — Риту Вадзинскую, и к моему сердцу снова прихлынуло счастье. Вся светлая, радостная, в прелестном сиреневом платье, она опять показалась мне поэтичной и праздничной, бесконечно далекой от каких бы то ни было низменных дрязг.

Закинув вверх красивую кудрявую голову, она стояла под балконом мадам Шершеневич и оживленно разговаривала с нею. Смущенный и растерянный, я прошел у нее за спиной и вдруг услыхал ее голос, неожиданно крикливый и резкий:

— ...Говорю вам: они оба мазурики — и тот и другой.

Я понял, что она говорит о Циндилиндере и обо мне. В первую минуту я хотел было крикнуть ей какое-нибудь злое ругательство, но голоса у меня не хватило. В одно мгновение она стала для меня отвратительна. По молодости лет, по наивности я, как и всякий юноша, приучил себя думать, что у красивых девушек и мысли и чувства красивые, и мне было больно расстаться с этой благодатной иллюзией. Сколько впоследствии знал я красавиц с ничтожными мозгами и мелкими чувствами!

Впрочем, в то, что я вор, соучастник преступлений Циндилиндера, верила тогда не одна Рита Вадзинская. В доме Макри, как я позднее узнал, многие были такого же мнения. Говорили, будто я для того и пошел в маляры, чтобы высматривать для своего друга квартиры, которые легче ограбить.

Но должно же было так случиться, что через несколько дней на Дерибасовской улице, в банкирской конторе Юнкерса арестовали Жору Дракондиди, когда он — в великолепном костюме, с сигарой во рту — пытался разменять несколько фальшивых сторублевок. На квартире у него тотчас же сделали обыск и не нашли ничего, но в тот же вечер нагрянули к его чернобородому брату в «Заведение искусственных минеральных вод» и хорошенько пошарили в яме, заваленной пустыми бутылками, и там на самом дне отыскали целый склад драгоценных вещей, золотых сережек, колец и в том числе часики мадам Чикуановой! Оказалось, что Жора — профессиональный грабитель, а его брат Фемистокл, торгующий содовой водой и сиропом, — скупщик краденого. Кроме часиков мадам Чикуановой, в яме были найдены ордена ее покойного мужа, ее веер из слоновой кости…

Но как, спрашивается, вещи, принадлежавшие ей, могли появиться в хибарке Циндилиндера на Большой Арнаутской?

Дело в том, что к этой хибарке вели три или четыре ступеньки из трухлявых и занозистых досок. Если приподнять одну ступеньку, самую верхнюю, под нею открывалась дыра, ведущая в подполье хибарки.

Этим-то и воспользовался Жора (он же Георг Дракондиди). Ограбив квартиру мадам Чикуановой, он присвоил себе все наиболее ценные вещи, а шкатулку, и зонтик, и прочую грошовую мелочь подкинул тайком Циндилиндеру (в знойный день, когда жители дома спрятались от солнца за плотными ставнями), после чего сообщил анонимной запиской приставу Ивану Карабашу, что украденные вещи находятся под половицами такой-то квартиры, занимаемой Иосифом Штоком, ограбившим мадам Чикуанову.

Отчего же ему понадобилось губить Циндилиндера? Причина была очень простая. Когда-то Циндилиндер, чуть не с двенадцати лет, принадлежал к той же шайке, что и Георг Дракондиди. Главарем у них был Фемистокл. Циндилиндер «работал» для него три или четыре «сезона», но вдруг, как мы знаем, решил покончить навсегда с воровством и заявил об этом Фемистоклу. Фемистокл был в бешенстве. Он не сомневался, что Циндилиндер рано или поздно сообщит полицейским о его темных делах, и тогда ему, Дракондиди, может прийтись туговато. Он долго уговаривал Циндилиндера вернуться к воровскому ремеслу, прельщая его большими деньгами.

Но Циндилиндер не соблазнился его обещаниями и, уходя, заявил, что забросил в море саквояж с полным набором дорогостоящих воровских инструментов, который в свое время был дан ему Жорой. Дракондиди еще пуще разгневался и решил во что бы то ни стало отомстить Циндилиндеру.

Местной полиции он не боялся, так как приставу Карабашу и без того было отлично известно, что происходит в «Заведении искусственных минеральных вод». За ту крупную сумму, которую он получал от Дракондиди ежемесячно из года в год, он охотно притворялся слепым.

Но Карабаш был полновластным хозяином только в своем привокзальном участке. За пределами этого небольшого участка у него не было власти. И был он подчинен полицмейстеру, которого боялся как огня. Что, если Циндилиндер донесет на него полицмейстеру? Нужно было действовать возможно скорее. И Дракондиди сообщил своей шайке, что Циндилиндер порвал с нею всякие связи, женился, поступил на работу. Нужно было обезвредить Циндилиндера, Шайка избрала для этого испытанный способ: подбросила ему украденные вещи и натравила на него полицейских.

Конечно, Циндилиндеру никогда не спастись бы, если бы не нашелся свидетель, горбатый Иглицкий, который жил в том же доме на втором этаже, наискосок от жилья Циндилиндера. Он сидел у своего окна, играл в шахматы с Людвигом Мейером и, глянув случайно во двор, увидел, что у входа в хибарку, возле ее трухлявых ступенек, копошится какой-то субъект. Всмотревшись, он без труда разглядел, что это одетый в рабочую блузу «глухонемой водопроводчик» Жора. Иглицкий не придал этому никакого значения. Но когда арестовали Циндилиндера, вспомнил о странном поступке «водопроводчика Жоры» и каким-то образом, не помню каким (кажется, при помощи влиятельных родственников), добился нового суда над мещанином Иосифом Штоком и мещанкой Цицилией Шток. Вообще я многое забыл. Помню только, что

140

Георг Дракондиди вел себя на суде с вызывающей наглостью, упорно отрицая какое бы то ни было касательство к этому делу, и что новый судья, молодой, синеглазый, признал его безусловно виновным не только в налете на квартиру вдовы Чикуановой, но и в преступной попытке взвалить свою вину на других.

После чего Циндилиндер и Циля были освобождены из-под стражи, к бурному восторгу всего зала. В публике было немало студентов, приведенных Иглицким, были Цилины подруги и вообще молодежь. Они окружили оправданных, стали поздравлять их, целовать, обнимать.

Один я стоял в стороне ото всех как отверженный, не решаясь подойти к моим бывшим друзьям. Мне было совестно смотреть им обоим в глаза. Как мог я поверить клевете их врагов, россказням колченогого мужлана Савелия и «благодушного» хапуги Симоненко!

Замученные, но бесконечно счастливые, воротились Циля и Циндилиндер домой. Весь двор на Большой Арнаутской встретил их криками радости. Чуть только они вошли в свою хибарку, вслед за ними вбежали туда их крикливые и пылкие соседи и нанесли им столько помидоров, баклажанов, вареных яиц, что хватило бы на две-три недели, если бы они к вечеру не устроили пир, на котором все эти продукты были немедленно съедены. Стулья взяли у тех же соседей, стол сколотили из нескольких ящиков. Красноносый портной вместе со своей маленькой, юркой и говорливой супругой (он так и называл ее: «супруга») принес целую гору сушеной тарани. Цилина мать принесла изюму, орехов, халвы, откуда-то взялись бутылки с пивом, и гости, усевшись за стол, стали наперебой поздравлять Циндилиндера, уверяя, что они все, как один человек, всегда верили в его невиновность.

Почетным гостем на этом пиршестве был горбатый Иглицкий, который, в сущности, спас Циндилиндера. Теперь ему выпала нелегкая участь: по прибытии всякого нового гостя он должен был снова и снова выходить из хибарки во двор, приподнимать трухлявую ступеньку и показывать ту

141

знаменитую дыру, сквозь которую бессовестный Жора подкинул Циндилиндеру вещи мадам Чикуановой.

После этого гости шли к Циле, и каждому она показывала лежащий в коробочке зуб, тот самый, который во время допроса выбил ей пристав Карабаш. Гости рассматривали этот зуб с величайшим вниманием, словно никогда не видали зубов.

Я сидел невдалеке от Циндилиндера и с тоскою смотрел на него. Какой он сделался худой, ни кровинки в лице! И как изменила его борода, которая выросла у него в заключении! И Циля тоже сильно подурнела, словно после тяжелой болезни.

Я попробовал было объяснить Циндилиндеру, по какой идиотской причине я усомнился в его правоте. Но он не дал мне договорить, хлопнул меня слегка по затылку и, взяв со стола грязноватую глыбу халвы, положил ее предо мной на газету, заменявшую скатерть.

— Ты же любишь халву, почему же не кушаешь?

Его дружеский жест успокоил меня: я понял, что Циндилиндер простил мне мое легкомыслие.

И все же я до сих пор с горьким чувством вспоминаю о тогдашнем своем поведении — и не прощаю себя. Вся эта история с Циндилиндером дала мне суровый урок: я понял, что не следует верить никаким обвинениям, которыми бесчестные люди, ради своих низменных целей, так часто пытаются оболгать, очернить, опорочить доброе имя беззащитных людей...

Не прикоснувшись к халве, которую я и вправду любил, я встал из-за стола и тихонько побрел домой, где меня ждала с ужином повеселевшая мама. Она была, как всегда, молчалива и ни слова не сказала о том, что пережила в эти дни.

ГЛАВА ДВАДЦАТЬ ШЕСТАЯ

ПЕРЕМЕНЫ БОЛЬШИЕ И МАЛЫЕ

Летом мне пришлось повстречаться кое с кем из моих бывших товарищей, и я был поражен переменой, которая произошла почти с каждым из них.

Братья Бабенчиковы ушли из гимназии и превратились в прыщеватых юнкеров, которые назывались тогда длинным словом — вольноопределяющиеся.

Степа Бугай сильно раздался в плечах, загорел, возмужал, обзавелся морской фуражкой и стал курить коротенькую трубку. Даже сплевывал, как истый моряк.

Муня Блохин, все такой же худощавый и юркий, вдруг вообразил себя великим актером, облекся, несмотря на жару, в черную суконную широкую блузу с огромным фиолетовым бантом и стал изводить окружающих, декламируя трагическим голосом:

Я вчера еще рад был отречься от счастья,
Я презреньем клеймил этих сытых людей...

Валька Тюнтин сделался окончательно похож на разжиревшего борова, и это, очевидно, очень понравилось Рите Вадзинской: куда бы я ни шел, я постоянно встречал их вдвоем, и по ее лицу можно было сразу заметить, что она отнюдь не считает его «антипатом». И, так как я окончательно излечился от своей прежней влюбленности в эту злую и пустую девчонку, я уже не видел в ней никакой красоты.

Лобода и Бондарчук, самые умные ученики в нашем классе, прочитали на каникулах Дарвина, и оба пришли к убеждению, что бога нет и религия — обман. Гришка Зуев, с которым они вздумали было поспорить о существовании бога, сразу опроверг их ученые доводы одним несокрушимым аргументом: немедленно отправился в Покровскую церковь к отцу Мелетию и рассказал ему про их богохульство. Батюшка вызвал маловеров к себе и пригрозил им строгими полицейскими карами.

Я тоже изменился не меньше других. На верхней губе у меня неожиданно вырос какой-то несуразный пушок. Я раздобыл себе суковатую палку (такую же, как у Ивана Митрофаныча) и опустил волосы чуть не до плеч.

Едва только я стал «молодым человеком», а Маруся окончила школу, вся наша жизнь в один год изменилась: мы оба принялись добывать себе пропитание уроками — вдалбливали арифметику, географию, русскую грамматику, алгебру в головы неудачливых школьников, получавших единицы да двойки.

Долго, очень долго мои отношения с Марусей почему-то никак не налаживались. Я был с нею непростительно груб, хотя втайне уважал ее очень. С горьким чувством вспоминаю теперь, как упорно я сопротивлялся ее добрым стремлениям сделать из меня благонравного мальчика и обогатить меня ценными сведениями. Как-то я сказал за обедом, что сегодня в журнале «Нива» я видел «эксиз» какого-то художника, — не помню какого. Маруся поморщилась и сказала своим педагогическим голосом, что нужно говорить не «эксиз», а «эскиз», и была совершенно права. Такого слова, как «эксиз», не существует. Но так силен во мне был бес противоречия, что я еще долгое время говорил «эксиз». И это побуждало Марусю всякий раз повторять наставительно:

— Не эксиз, а эскиз.

— Я так и говорю: эксиз.

Вместо слова «скоморох» я нарочно говорил «скоромох», чтобы снова и снова услышать, как Маруся поправляет меня:

— Не скоромох, а скоморох.

— Я и говорю: скоромох.

Это выводило ее из себя, но она сдерживалась и повторяла с наружным спокойствием:

— Нет, не эксиз, но эскиз.

Я перечил ей на каждом шагу самым бессовестным образом.

Вздумала она как-то водить меня на прогулку в Александровский парк, где по праздникам беспощадно гремел оглушительный военный оркестр. Нечего было и думать спастись от него: его страшные медные вопли доносились до самых далеких аллей. Дорожки были посыпаны гравием, который неистово скрежетал под ногами, а справа и слева на меня обрушивались грозные надписи:

«Строго воспрещается ходить по траве»
«Строго воспрещается портить газоны»
«Строго воспрещается водить собак» и т.д., и т.д.

Маруся и сама утомлялась от этих прогулок среди скучной вереницы людей. Но она была великодушная праведница и свято верила, что, шагая со мною под музыку и тем самым приучая меня к культурному отдыху, жертвует собой ради меня. Я же и здесь оказался недостойным ее благородных забот и, когда мы возвращались домой после третьей или четвертой прогулки, заявил ей с необузданной резкостью, что мне осточертел этот парк и что я не болонка мадам Шершеневич, чтоб меня водили на цепочке!

Это было несправедливо и дико — за что я оскорбил человека, который по-своему желал мне добра? — и, конечно, я сейчас же раскаялся в своих грубых словах, но все же оставил Марусю на дороге одну и, не попросив у нее извинения, убежал со всех ног в свой «Вигвам».

Теперь наши отношения сгладились. Моя мальчишеская грубость с летами прошла, как проходит скарлатина или корь. Повзрослев, мы сделались с Марусей друзьями. Сблизила нас общая работа: с утра до вечера мы давали уроки всевозможным оболтусам, помогая им выкарабкиваться из омута двоек, где они погрязли с головой. Маруся, педагог по призванию, была так терпелива и неутомимо настойчива, что чадолюбивые маменьки стали считать ее чуть не волшебницей: в три-четыре месяца она превращала в отличников самых отсталых школяров.

Я пытался подражать ей во всем — никогда не улыбаться во время занятий, быть таким же серьезным и важным, — но у меня ничего не получалось. Уже на втором или третьем уроке я вступал со своими питомцами в длинные разговоры о посторонних вещах — о том, как ловить тарантулов, как делать камышовые стрелы, как играть в пиратов и разбойников, а также о подвигах Уточкина, о «Копях царя Соломона», о приключениях Шерлока Холмса.

Маруся нередко журила меня за панибратство с мальчишками, которые вдвое моложе меня, но, сколько я ни пыжился, мне никак не удавалось напускать на себя солидность и строгость. Не помогали ни длинные волосы, ни толстая суковатая палка, которой во время ходьбы я внушительно стучал по камням тротуара, совсем как Иван Митрофаныч. В конце концов Маруся примирилась с моей несолидностью, как и с прочими моими грехами, и вообще всякие распри между мною и ею как-то сами собою затихли. А это опять-таки значило, что мы возмужали.

Заработки наши увеличились так, что мама наконец-то получила возможность отказаться от черной работы и принялась за свое любимое дело: вышивание украинских рушников[12] и рубах; в этом искусстве она с детства была мастерицей — вышивала то гладью, то крестиками, никогда не копируя готовых узоров, свободно изобретая все новые сочетания линий и красок.

Сначала она отдавала все свое рукоделие Суббоцкому, который платил ей гроши и вообще надувал ее всячески. Но к концу года у нее появилось так много клиентов, что услуги этого прожженного плута оказались уже не нужны.

Работала мама с большим увлечением. Все восхищались ее чудесными вышивками, больше всех — мамзель Франциска Рикке и ее молчаливая сестрица мамзель Мальвина, с которыми в последнее время мама довольно близко сошлась именно благодаря своим вышивкам.

---

[12] Рушник (укр.) — полотенце

— Артистичная работа! — говорила мамзель Франциска, когда мама показывала ей какую-нибудь новую вышивку. — Ей место не здесь, а в музеуме. В музеуме артистичных работ.

Мамзель Мальвина ничего не говорила, но в знак согласия с сестрицей Франциской важно кивала седой головой, на которой сквозь жидкие пряди волос уже просвечивала розовая лысина.

На Большой Арнаутской, в доме, где жил Циндилиндер, произошли почти одновременно два очень важных события: у Цили родился мальчик Даня, такой же огненно-рыжий, как Циля. А у Маланки в подвале родились две девочки, которые по ошибке дьячка, записавшего их при крещении в церковную книгу, обе были названы Маланками. А так как Маланкина мать, служившая в нашем доме у одного из жильцов, тоже называлась Маланкой, эта ошибка дьячка ужасно огорчила двух старших Маланок, и они только тогда успокоились, когда, по совету мамы, стали называть одну из новорожденных Маланок — Наталкой, а другую — Фросей.

Вскоре после рождения детей Маланка ушла от сонного и злого Савелия, который оказался скаредом, буяном и пьяницей. Захватив Наталку и Фросю, она поселилась у Моти, полногрудой кухарки биндюжников, и стала ходить на поденку: там постирает, там вымоет окна, там понянчит чужих малышей. Вырвавшись из темного подвала, она сразу сделалась прежней Маланкой: бойкой, неутомимой, задорной, насмешливой, или, как говорили у нас, языкатой. Всякую работу она выполняла с таким удовольствием, что было весело смотреть на нее. Бездетная Мотя полюбила ее близнецов и кормила их из общего котла до отвала.

А Фемистокл Дракондиди недолго просидел за решеткой. Вскоре он вернулся к своей прежней работе, и роскошная его борода стала вновь развеваться над красными, синими, голубыми сиропами. Очевидно, он щедро поделился с полицией найденными в его лавке сокровищами.

ЭПИЛОГ

С того самого дня, когда Финти-Монти выдвинул из-под кровати свой сплюснутый, потертый чемодан и, достав оттуда книгу «Сочинения Д. И. Писарева», не без торжественности вручил ее мне, детство мое кончилось раз навсегда, невозвратно.

А это значит: конец моей повести. Ибо повесть моя — о детстве.

И все же, перед тем как расстаться с читателями, мне хотелось бы сказать им еще несколько слов.

И раньше всего — о том обещании, которое я дал своей маме. К великой ее радости, я в конце концов сдержал свое слово, но сдержал не сразу, а с большим запозданием. И Тимоша, и Муня, и Лобода, и Бондарчук давно уже стали студентами, а я все еще считался недоучкой, выгнанным из пятого класса. Дело в том, что та комиссия, перед которой я держал экзамены за весь гимназический курс, два раза проваливала меня.

Лишь на третий год, когда я экзаменовался при Ришельевской гимназии, где с недавнего времени стали учительствовать Финти-Монти и Василий Никитич, я без малейших препон получил наконец аттестат с очень неплохими отметками, и было даже как-то обидно, что дело, которое доставило мне столько страданий, обошлось так просто и легко.

Студенческую фуражку я купил себе на толкучке — подержанную, чтобы походить на старого студента. Эта фуражка подействовала на маму магически: мама, которая в прежнее время не любила уходить со двора и почти ни с кем не заводила знакомств, вдруг пристрастилась к прогулкам со мною по самым многолюдным местам и при всякой возможности вступала в разговоры с кем придется, лишь бы только сказать между прочим: «Вот это мой сын, студент…»

Словно выйдя на волю после многолетнего заключения в

тюрьме, она стала разговорчива, общительна, страшно любопытна ко всему окружающему.

Чернобровая, статная, с благородным профилем и величавой осанкой, она как будто впервые заметила свою красоту, впервые за многие годы купила себе новую шляпку, а на зиму сшила у портнихи «ротонду» — модное пальто без рукавов. И даже побывала со мною и Марусей в театре — на гастролях знаменитого Фигнера.

Но недолго привелось ей гордиться своим сыном-студентом.

Вскоре в ее разговорах с людьми, с которыми она в ту пору встречалась, стала повторяться еще более гордая фраза: «Сын у меня, знаете, писатель…»

Так оно и было в действительности.

То, о чем я не смел и мечтать, что казалось мне высшим человеческим счастьем, выпало на мою долю нежданно-негаданно.

Местная газета напечатала у себя на страницах мой довольно длинный — и довольно нескладный — «эскиз», и с этого времени началась моя литературная деятельность, которая длится без перерыва до настоящего времени уже шестьдесят с чем-то лет.

Теперь я по долгому опыту знаю, что быть писателем, пусть самым неприметным и скромным — это и вправду великое (хотя порою очень нелегкое) счастье. Даже ту краткую повесть, которую вы сейчас прочитали, мне было так приятно писать. Ведь стоило мне сесть за письменный стол, взять перо и придвинуть к себе чистую бумагу, и мое далекое детство сразу вернулось ко мне, из старика я превратился в мальчишку, — и вот снова прыгаю, как дикарь, на гремучем железном листе, прикрывающем нашу помойку, снова скребу длинным шпателем раскаленную ржавую крышу, снова сижу верхом на высоком зубчатом заборе под сорокаградусным солнцем и ору во всю глотку:

«У-у-уточкин!»

И я буду еще более счастлив, если, читая эту книжку, вы

вместе со мною полюбите мою бесстрашную, гордую мать, настоящую героиню труда, и милую Марусю, и Тимошу, и Финти-Монти, и Василия Никитича, и Циндилиндера, и дядю Фому. И — признаться ли? — для полного счастья мне хотелось бы, чтобы вы разделили со мною мою лютую ненависть к Прошке, к Шестиглазому, к Зюзе Козельскому, к Жоре Дракондиди, к Савелию, к Тюнтину и прочей отвратительной нечисти, которая хоть и вывелась из нашего быта, но еще не до конца, не совсем, не везде.

Теперь она пытается портить нашу жизнь под другими обличьями, но мне очень хочется думать, что теперь будет легче расправиться с нею, чем в ту темную и злую эпоху, которая изображена в этой повести.

www.ingramcontent.com/pod-product-compliance
Lightning Source LLC
Chambersburg PA
CBHW010809250626
47156CB00010B/3043